TIC TAC TOE

ECON Rock & Pop

Hans S. Mundi

TIC TAC TOE

Die Erfolgsstory von Lee, Ricky und Jazzy

ECON Taschenbuch Verlag

Bildnachweise s/w-Fotos
S. 18: »40 Jahre BRAVO« (© teutopress, Bielefeld)
S. 31: »SAT 1 ran-World« (© teutopress, Bielefeld)
S. 43: Kunstpark-Ost, München (© JAT-Photo, München)
S. 54: »RSH-Gold '96« (© PPW, Herwig, Berlin)
S. 66: »RSH-Gold '96« (© PPW, Herwig, Berlin)
S. 76: »SAT 1 ran-World« (© teutopress, Bielefeld)
S. 89: »RSH-Gold '96« (© PPW, Herwig, Berlin)
S. 98: Bei der Sendung »XXL« (© JAT-Photo, München)

Veröffentlicht im ECON Taschenbuch Verlag

Originalausgabe

2. Auflage 1997

Umschlaggestaltung: Klaus Blumenberg, Bergisch Gladbach
Titelabbildung: © PPW/Herwig, Berlin (RSH-Gold '96)
Lektorat: Olga Tselepi
Gesetzt aus der Baskerville und Hobo, Linotype
Satz: Josefine Urban – KompetenzCenter, Düsseldorf
Druck und Bindearbeiten: Ebner Ulm
Printed in Germany
ISBN 3-612-12029-8

Inhalt

Vorwort: »Wer hat angst vor schwarzen fraun?«

»... eingebildet arrogant
findste dich auch noch interessant
denkst so wie du bist ist keiner
denn der bmw ist deiner
ich find' dich scheiße
so richtig scheiße ...
schei-schei-schei-scheiße«

Die Girlgroups kommen gewaltig, nicht immer, aber immer öfter. Seit den achtziger Jahren melden sich verstärkt Mädchen und Frauen in der Popszene zu Wort, schwirren die Musikmanager mit ihren Netzen aus, um weibliche Stars zu fangen. Weibliche Pioniere und Vorreiterinnen waren etwa die *Bangles* mit ihrer Sängerin *Susanna Hoffs*. Die sang »Walk Like An Egyptian« oder »If She Knew What She Wants« so unverwechselbar gut, weil es bei ihr eben auch irgendwie nach Comic und quietschend guter Laune klang. Gute Stimmung kam auch mit dem Frauen-Trio *Bananarama* auf, die waren hip und cool, wobei man munkelte, sie hätten die Instrumente nicht mal richtig halten können – na und?

Instrumente nicht richtig halten können – na und?

In Discos und bei privaten Parties lagen diese Weiber dennoch richtig, Männer *und* Frauen waren begeistert. Am Ende der achtziger Jahre erfolgte dann die Wende ins schrillere, individuellere Dancefloor-Zeitalter. *Betty Boo* löste eine »Boomania« (so auch der Titel ihres Doppelalbums bei Rough Trade) aus, der Beat des Techno-Movements war unüberhörbar: hart, laut, lustig, explosiv. Heftiger wurde es mit den wilden Schlampen, den Bad Girls, wie etwa *Courtney Love* von *Hole* – auch als prominente Witwe von *Kurt »Nirvana« Cobain* allen ein Begriff und als entsprechend traurige Berühmtheit weltbekannt. Sie blieb mit ihren Kolleginnen und einer Flut weiterer Bands dem guten alten Rock 'n' Roll auf alternativen Pfaden irgendwie treu, was aber auch nur als Zwischenstufe auf dem Weg zum neuen Girl-Selbstbewußtsein gesehen werden kann.

Hart, laut, lustig, explosiv

Denn jetzt heißt es in der Rap- und Hip-Hop-Szene: Tank Girl goes Pop! Und das sogar auch noch frisch aus deutschen Landen! Vorbilder für die neuen Frauen der Szene waren vielleicht noch Salt 'N' Pepa, freche US-Rapperinnen, die auch einen Hit nach dem andern zu landen wußten. Egal: Die *Take That*s und *Backstreet Boys* dieser Welt kriegen nun jedenfalls weiberharte ungewohnte Konkurrenz, die britischen *Spice Girls* oder die deutschen *Tic Tac Toe* sind weder aalglatt noch brav und auch nicht schüchtern, vor allem wirkt bei ihnen die Choreographie weniger künstlich. Sämtliche Jungs dieser Welt werden von den lockeren Mädels gefordert und kritisch überprüft, wer nichts bringt, fliegt raus! Lausige Zeiten für schlechte Liebhaber und andere No-Fun-Typen. »Was vor allem ankommt, ist das Lebensgefühl, das die Girlgroups rüberbringen: Sie sind verdammt selbstbewußt gegenüber dem Rest der Welt. Artigsein ist genausowenig angesagt wie verschwiemeltes Anhimmeln oder Muttis verhärmter Feminismus. Mädchen wissen: Heute muß sich jede selbst durchbeißen. Und da überzeugen Idole mit Biß.«[1]

Tank Girl goes Pop!

Und wer weiß, daß er sich durchsetzen muß, der geht den Weg geradeaus, knallhart und unüberhörbar: Keine Kompromisse, Geschichte wird gemacht, es geht voran! Und die Geschichte von *Tic Tac Toe* ist dabei mehr als ein modernes Märchen aus der Popwelt, wo man von Null auf Platz eins der Charts einsteigen und abheben kann. Wir alle können aus ihr auch noch etwas lernen: Wenn die Sisters rappen, dann kommen auch die Jungs gewaltig auf Touren. Hip Hop ist schon seit *Lucilectric* (»Weil ich ein Mädchen bin«) oder *Schwester S.* (»Na klar«) hierzulande keine reine Männersache mehr. Und: Wer glaubt, daß Bands wie *Tic Tac Toe* aus der Retorte kommen, der hat nun wirklich null Ahnung und sollte dieses Buch erst recht intensiv lesen. Danach dürfte auch der größte Skeptiker keine Zweifel mehr haben – *Tic Tac Toe* werden die deutsche Popmusik in den nächsten Jahren weiterhin mitgestalten, kompromißlos und ehrlich, mit klaren Worten und Superklängen.

Retorte? Gerade das kritische Feuilleton und auch die Presse der Erwachsenen hat *Ricky*, *Jazzy* und *Lee* furchtbar lieb, wie etwa das *Hamburger Abendblatt*, welches unlängst schrieb: »Irgendwo hofften geschäftstüchtige Produzenten ein massenfähiges Mittelding zwischen Bad Girls und Pop-Mädchen zu entdecken oder wenigstens eine europäische Antwort auf die kessen schwarzen US-Rapperinnen. Das echt anarchische, chilischarfe Mädchenwunder, wie nun die *Spice Girls* oder *Tic Tac Toe*, konnte nur von unten kommen und sich nach oben durchboxen. Jetzt ist es da, fällt über die Büfetts der Plattenfirmen her, pinkelt im Hotel in die Blumentöpfe und zeigt jedem, der von ›Benimm‹ faselt, den Stinkefinger. Dafür werden die Girlbands von den Kids der 90er Jahre geliebt. Die wissen selbst: Viel Sicherheit kann ihnen die Zeit, in der sie groß werden, nicht bieten, und wer etwas will, muß nur frech genug sein, es sich zu holen.«[2] Frechheit siegt. Kein Wunder, daß zu den Topsellern unserer Tage Bücher von Frauen gehören, die bereits im Titel keinen Zweifel mehr über das neue weibliche Selbstverständnis lassen: »Gute Mädchen kommen in den Himmel, böse Mädchen kommen überall hin«, so der Titel eines aktuellen Bestsellers. Bei aller Fragwürdigkeit dieser Appelle an das Bösesein ist dabei doch auch der Aufbruch und der Wunsch nach besseren Zeiten erkennbar: Warum durchhängen, wenn Karriere so viel Spaß machen kann, warum sich fallen lassen, wenn doch jeder eine Chance hat...? Das dachten eben von Beginn an auch die *Spice Girls*, die gleich beim Start den englischen Plattenriesen *Virgin* das Fürchten lehrten.

Im Taxi durch London, die Höschen aus dem Wagenfenster

Der Champagner zur Premierenparty war gekühlt, die Vertreter der Presse gingen unruhig auf und ab, doch als die schicke Firmenlimousine vor dem Festsaal vorfuhr, entstiegen ihr nicht die fünf Mitglieder einer neuen Frauenband, sondern nur ein Bote – und der präsentierte »der geschockten Festgesellschaft fünf aufblasbare Puppen. Wenig später ging die Meldung ein, die Mädchen kreuzten im Taxi durch London und schwenkten ihre Höschen aus dem Wagenfenster. Weit nach Mitternacht schließlich, die Stimmung war längst auf dem Tiefpunkt, erschienen sie dann doch noch, warfen zunächst mal die Gummipuppen aus dem 15. Stock auf die Straße – ehe sie sich lärmend übers Büfett hermachten.«[3] Und die Medien und das Publikum staunen noch immer, Girlgroups dieser Art sind unglaublich frech und lassen frühere Emanzen heute ziemlich alt aussehen. Sprüche wie der folgende von *Spice Girl Mel C* garantieren ihnen noch ein langes Leben in der Branche und in sämtlichen Zeitschriften und Sendungen, die sich mit Mann, Frau, Liebe, Lust und Leid befassen: »Mit einem Typen, der einen untrainierten Body hat, könnte ich nie zusammen sein. Das wäre dasselbe, als wenn ich jeden Tag Wackelpudding essen müßte.«[4]

Kerle wie Pudding? Nein danke!

Das ist also die Stimmung kurz vorm Ende der neunziger Jahre. Die deutsche Antwort auf die Girl- und auch die Boy-Groups anderer Länder fällt dabei selten deutlich aus und kommt ausgerechnet aus dem Ruhrpott, Musik mit einer Nähe zu den einfachen Menschen aus dem alten Kohlerevier, wo heute auf einer riesigen Fläche diverse Städte wie Gelsenkirchen, Essen, Dortmund oder Duisburg zu einer Megametropole zusammenwachsen. Auch dort geht es inzwischen härter zu. Doch nicht nur der soziale Streß gehört zu den Einflüssen, die *Tic Tac Toe* in ihren Songs verarbeiten. Es geht auch immer wieder um das Selbstverständnis der jungen Frauen, die mehr sein wollen als nur die glühenden Verehrerinnen der schönen und kantigen Kerle, die Fans von eitlen und starken Männern. Denn der Frust mit gewissen Jungs, die Konkurrenz und der Neid untereinander ist für die Mädels allein schon Streß genug. Ein Beispiel. Die *VIVA*-Moderatorin *Aleks* (Alexandra Bechtel) hat nicht nur im Interview für ihren Fernsehsender mit den begehrten Boys der einschlägigen Groups zu tun, sie hat Gelegenheit, mit diesen Superstars zu plaudern, sie hinter den Kulissen kennenzulernen, mit ihnen in edle Restaurants essen zu gehen. Das bringt ihr jede Menge Verdächtigungen und Spekulationen ein, im Gefolge entsprechenden Neid bis hin zur krankhaften Eifersucht und hilfloser Wut von einigen Geschlechtsgenossinnen. *Aleks* über ihren Alltag beim *Musik*-TV: »Viele schreiben mir: Ich habe mit meinem Freund Schluß gemacht wegen eines Typen aus einer Boy Group. Ich kriege Briefe, wo drinsteht: Du Schlampe, du fickst mit denen allen. Ich werde auch bedroht. Manche Fans mieten sich in den Hotels der Bands ein. Ich stand mal im Aufzug, da geht die Tür auf, und zwei kommen rein und sagen: Jetzt hauen wir dir eine rein, wegen deines Interviews mit *Take That.* Da kamen auch Drohbriefe und Morddrohungen ... *Caught In The Act* etwa erzählen Stories, da schlackerst du mit den Ohren. Die Leute campieren vor deren Wohnungen und wühlen in ihrer Mülltonne. Manche fahren denen tagelang hinterher. Ich habe schon verrückte Eltern erlebt, die sich mit ihren Kindern im Hotel der Gruppe einmieteten.«[5] Irgendwo und irgendwie sind also alle leicht oder schwer verrückt oder machen sich alle gegenseitig die Hölle heiß. Viel Streß um nichts. Da kämpfen die Geschlechter in altbekannter Weise auch weiterhin untereinander, da werden Unschuldige verfolgt und beschimpft, nur weil Eifersucht im Spiel ist, und auch ein Mangel an gesundem Selbstbewußtsein und echter Souveränität spielt da wohl oft ein Rolle. Wozu der alte schräge Karnevalsschlager hundertprozentig paßt: damals sang man aber noch über »Scheiße auf der Lampenschale, hela-di-ladi-ho«. Und damit fängt die Geschichte auch nun an, da war das Stichwort, der Startschuß in Gestalt eines Wortes, der Beginn einer ungewöhnlichen Karriere im Showgeschäft. Am Anfang stand das Wort. Das Wort »Scheiße« ... es gibt nämlich eine junge erfolgreiche Band, die singt über all das, über Liebe, Streß, Geld und Männer, und die hat mit ihrem ersten Hit ihrem Herzen gleich erst mal Luft gemacht. Liebe ist nur ein Wort, Scheiße auch. Aber das letzte Wort ist heute für viele offenbar entspannender.

1. Das Leben ist eine Bühne

»Jeden Tag nur Sonnenbank
Du hast dir schon dein Hirn verbrannt
Doch wer braun sein will muß leiden
Es läßt sich leider nicht vermeiden
Ich find' dich scheiße ...«

Die Unterstufe tanzt und feiert. An einem Gymnasium in Frankfurt muß der DJ eins ums andere Mal die Songs von drei Mädchen auflegen, die eigentlich gestern noch völlig unbekannt waren. Ihr Name klingt nach Kaugummi, auch ein wenig nach *Tick, Trick* und *Track*, den legendären drei kleinen Enten von *Walt Disney* und – vor allem – nach lässiger Coolness, nach Aufstand im Kinderzimmer und auf dem Schulhof: *Tic Tac Toe.* In kleinen Pulks rennen und hüpfen die zwölf-, dreizehn- und vierzehnjährigen Mädchen wie wild hin und her, springen hoch und schreien den Refrain laut durch den Saal: »Ich find' dich scheiße ... so richtig scheiße!«

Scheiße, immer wieder nur Scheiße

Alles brüllt ganz einfach »Scheiße«, immer und immer wieder nur »Scheiße«. Und der Fluch wirkt offenbar befreiend, sie alle können gar nicht genug von diesem bösen Wort kriegen: »Scheiße – Scheiße – Scheiße«. Ein Wort wie du und ich, leicht auf der Zunge, wenn einem ein Mißgeschick passiert, »Scheiße« ruft man, wenn man den Zug verpaßt hat oder wenn der Lehrer einem eine Katastrophennote für die eigene Leistung unverblümt mitteilt. Männer sagen es bestimmt tausend Mal am Tag, Frauen eher leise oder gar nicht. So schien es bislang als Rollenaufteilung zu funktionieren. Doch in letzter Zeit wird es lauter um dieses Wort, selbst Damen genieren sich kaum noch, es auszusprechen. Und das markiert einen Bruch, denn mit uralter Sitte und Anstand, mit unsinnigen und altbackenen Das-tut-man-nicht-Vorschriften für das Frausein, die den »Weibchen« immer nur die hinteren Plätze im Lebenstheater garantierten, wird aufgeräumt. Soviel »Scheiße« ausgerechnet im Jahr der Duden-Reform. Die wenigen anwesenden Lehrer schmunzeln daher etwas gequält mit, wippen völlig unauffällig mit der linken oder rechten Fußspitze im Takt der Musik, schauen, hören und staunen. Der Deutschlehrer ist an diesem Abend mit soviel modernem Klartext aber auch wirklich nicht gerade zu beneiden, höchstens noch über die Wiederkehr des guten alten Reimes in dieser schnell plaudernden Hip Hop-Generation mag er sich freuen, denn es muß sich reimen, was anecken will, die Sprache ist wieder mächtig und – nach all den angloamerikanischen Jahren – auch ganz und gar deutsch. Aber doch völlig anders. Denn diese »Scheiße«-Sängerinnen und -Plauderer hinter den Erfolgsmikrofonen sehen gar nicht so typisch deutsch aus, eher nach Einwandererfamilien, nach den Kids aus der dritten und vierten Generation mit ferner Herkunft. Worte wie Gastarbeiter fallen einem ein, Worte wie Döner und Afro-Look, bei *Tic Tac Toe* mag man auch an die Karibik und Palmen und lange Sandstrände denken, doch diese Mädel sind zweifelsfrei deutsch. Und an diese Mädchen glauben die Mädchen, soviel ist an diesem Abend sicher, die drei von *Tic Tac Toe* sind wie ein deutliches Signal in eine wechselvolle Zeit geknallt, wie Ufos aus dem Ruhrpott.

Sie verkörpern vor den Schülerinnen perfekt das derzeitige Lebensgefühl der neuen jungen Frauen, eine frische und unverschlissene Generation ist zwar gerade erst dabei, sich selber zu entdecken, doch schon feiert sie die erste erfolgreiche Besetzung eigener Sphären und Räume. Aus den Boxen knallt in diesem Raum der baßlastige Groove, dazu quillt unaufhörlich die »Scheiße« aus den Musiktürmen, immer wieder und immer wieder. Bittersüße Monotonie und dieses Ätzwort mit der vielfachen Bedeutung. *Lee, Ricky* und *Jazzy,* drei Freundinnen aus dem alten Kohlerevier der alten West-Bundesrepublik, benutzen es in eindeutiger Weise. Die »Scheiße« kriegt ein imaginärer Blender und Hohlmann in rauhen Mengen ab; der arme Kerl, der da besungen wird, ist nach der wochenlangen Präsenz in den deutschen Hitparaden längst zum Depp der Nation geworden. Selbst bei *Harald Schmidt* haben die drei Ruhrpott-Röhren schon getalkt, mit der Hausband live gejammt und den nicht namentlich bekannten Aufschneider in ihrem Song mal wieder öffentlich vorgeführt und anschließend mit Worten genüßlich zertrümmert: »Ich find' dich scheiße!« Und Tausende von Frauen summen und singen heimlich mit, denken an ihre feisten Kerle, die da den großen Helden spielen, aber gemessen an alten Zeiten nur noch Hampelmänner oder kleinkarierte Spießer sind. Einige mögen heimlich an unbeobachteten Orten sogar fürchterlich laut singen, wenn sie gar gleich richtige Ekelkerle abgekriegt haben, diejenigen mit dem Hang zur Gewalt, die ganz fiesen Miststücke, die der Frau das Leben mit ihrer autoritäten Männlichkeit zur Hölle machen. Die anderen Jungs, die genau wissen, welche Idioten in dem Song am Nasenring durch den Äther gezogen werden, die finden ihn cool und klasse, der Beat stimmt, Ärschen sollte man

sowieso immer die Meinung sagen. Sie hören bei diesen Weibern mit. Ihre Musik ist eben nicht nur für Frauen gemacht.

Kein Soundtrack für einen Frauenaufstand

Es dreht sich bei dem »Scheiße«-Song also auch nicht um den Soundtrack für einen Frauenaufstand. Nee, es bleibt alles locker, Fun ist allen unheimlich wichtig, lieber tanzen als auf die Barrikaden gehen. Fun-Fun-Fun! So auch hier und jetzt und immer wieder. Da soll keiner mehr reinreden und mitkommen, der nicht dazugehört. Carola (13) gibt nun ganz verschwitzt am lauten Ort zu Protokoll: »Die sind einfach toll, das ist ganz anders als diese Boygroups. Da ist man nur Fan, aber *Tic Tac Toe* sind mehr, die sind ein Teil von mir, so will ich auch sein! Früher mochte ich ja auch *Take That* ganz gerne, aber mit *Tic Tac Toe* geht es auch um mich selbst, das ist schließlich *mein* Leben.« Trotz ist Trumpf. Nicole Wenner von der Plattenfirma RCA wundert sich da längst über gar nichts mehr.

Trotz ist Trumpf

Seit sie als Promoterin der in Hamburg ansässigen Plattenfirma für die Pressearbeit zuständig ist, begegnet sie diesem Girl-Fieber. Denn wo *Tic Tac Toe* in diesen Tagen auftauchen, da stehen die Mädchen kopf, und die Jungs wundern sich. Sie erinnert sich noch, wie bei der ersten Autogrammstunde, die das Label organisiert hatte, erstaunlicherweise nicht nur teils sehr junge Mädchen, sondern auch auffällig junge Typen in der langen Schlange anstanden und warteten. Ein Phänomen macht die Runde, staunende Mitarbeiter von Girlgroup-Plattenfirmen geben zu Protokoll: »Die haben eine wesentlich größere Zielgruppe. Jungs finden diese Mädchen klasse, und Mädchen können sich mit mindestens einem Band-Girl identifizieren.«[1] Allgemein wird jetzt schon von weiblichen Bürgerschrecks gesprochen, gerät die Etikette komplett durcheinander, denn *Tic Tac Toe* sind nicht nur in Funk und Fernsehen mit ihren Reiz- und Schlagworten von der zugigen Straßenecke präsent.

Eine neue Frauengeneration wächst heran

Inga Humpe, selbst Sängerin und seit der »Neuen deutschen Welle« schon als Musikerin mit verschiedensten Projekten dabei, befindet über die New Generation à la *Tic Tac Toe* denn auch mit viel Sympathie: »Eine neue Frauengeneration wächst heran. Sehr beruhigend. Ich finde es toll, daß nun ein Zeitalter angebrochen ist, wo es für Jungs auch nicht mehr reicht, sich eine Gitarre zu schnappen und zu sagen: Ich kann so sein, wie ich will.«[2] Nein, die Rotznasen sind nicht mehr nur männlich, die letzte Bastion der Männer fällt. Der Musikmarkt in Deutschland wird dabei heftig durcheinandergewirbelt. So schrieb die Plattenfirma RCA zur Weihnachtszeit Anno 1996 in ihrem Hausinformationsdienst für die gesamte deutsche Presse voller ungebremstem Stolz: »Da konnten die männlichen Kollegen noch so hart reimen, nordisch oder fantastisch sein – der bundesdeutsche Rap stand 1996 ganz im Zeichen dreier rebellischer Mädels namens *Tic Tac Toe.* Bei den Kids der Nineties treffen sie stets den richtigen Ton.«[3] Und *Tic Tac Toe* sind *»per Song«* aufgestiegen, ohne sich vorher »den Arsch abzuspielen«, wie man es in der Musikbranche nennt. Sie kommen einfach frech singend daher, reden, wie ihnen der Mund gewachsen ist und stehen plötzlich ganz oben auf dem bundesdeutschen Pop-Olymp. Ihre Live-Aktivitäten beginnen im Grunde genommen gerade erst. »Superstars suchen Background-Band« hätte es da zum Jahreswechsel '96/'97 lauten können, mit Blick auf die kommende erste große Tournee. Die »Niggaz aus 'm Ruhrpott«, wie die Selbstdarstellung der Gruppe in einer Textzeile lautet, wollen dabei gar keine überaus ausgefeilte High-Tech-Show bieten, besonders *Lee,* die ihre Fans vor ihrem ersten öffentlichen Konzert mit blondem Kurzhaar überraschte, steht auf pure Power. Der erste Testfall auf einer Bühne hatte es aber auch durchaus in sich, die drei Rap-Frauen sind eben echte Naturtalente.

Pure Power auf den Bühnen

Im 96er Jahr des Durchbruchs war es schließlich soweit, ein Live-Test sollte her, ein Ort für die öffentliche Probe. Für dieses erste Konzert geht natürlich kein neuer Act, der von erfahrenen Branchenprofis betreut wird, jemals in eine große Metropole, wo das Blitzlichtgewitter wartet und ein verwöhntes Publikum sich eher schwer aus der Ruhe bringen läßt. Deshalb ging man folgerichtig 1996 auch hier erst mal ins von der deutschen Öffentlichkeit eher weit entfernte und abgeschiedene Berner »Theater National«. Schauen wir nun mal vorbei beim Lokaltermin in der fernen Schweiz. 700 Schweizer Fans sind dort aus dem Häuschen, warten und trampeln, sie wollen *Tic Tac Toe* endlich mal kennenlernen, gehört haben sie sie schon oft genug, »Scheiße« braucht man für die Eidgenossen nun wirklich nicht ins Schwyzerdütsch zu übersetzen, das versteht man auch dort ganz genau.

Das Wort »Scheiße« versteht man auch in der Schweiz

Die drei Girls sind angespannt, das erste Konzert soll gleich siebzig Minuten lang sein, da mußten die Texte noch mal gepaukt, die Einsätze und die Abstimmung untereinander intensiv geübt werden. Alles ist plötzlich anders als eben noch im Tonstudio, wo das Geschehen über Regler abgewickelt und bei einer Panne ganz locker einfach noch einmal alles von vorne wiederholt wird. Jetzt tritt man vors Volk, das Leben auf freier beruflicher Wildbahn beginnt für die zu diesem Zeitpunkt gerade mal eben etwas mehr als volljährigen jungen Damen. *Jazzy* (19) versucht sich demonstrativ zu beruhigen und spricht sich und ihren Kolleginnen Mut zu: »Die Leute mögen uns, das wissen wir, und unsere Texte können wir auch – also was soll schon schiefgehen.«[4] *Lee* (19) klopft ähnliche Sprüche, *Ricky* (18) löffelt sich im wahrsten Sinne des Wortes gegen die Nervosität an, eine Riesenportion Erdbeeren muß dran glauben und wird gnadenlos vertilgt. Da ist es aber noch Nachmittag, liegt das

Bühnengeschehen noch weit vor ihnen. Hin und wieder klingeln Telefone, Faxe gehen ein, unruhige Bühnenarbeiter fragen nach Anweisungen des Veranstalters, Handy-Talker rennen hin und her, Autogrammjägerinnen und -jäger suchen nach Schlupflöchern, werden jedoch von der Security sanft, aber bestimmt zurückgewiesen. Die Mädchen bekommen dies kaum mit, sie sind im Backstage-Bereich etwas abgeschirmt von diesen Niederungen der gewöhnlichen Arbeitswelt. Wer Pop-Star werden will, der braucht sowieso ein dickes Fell und einen Drang nach Höherem, der muß den Blick fest nach oben richten.

Als die Uhr sich in Richtung halb acht bewegt, da sind allerdings die lautstarken Fanchöre der Schweizer *Tic Tac Toe*-Fans an keinem Ort des »Theater National« noch zu überhören. Da stehen sie nun und warten auf die neuen Pop-Göttinnen. Zehnjährige mit vor Aufregung ganz intensiv geröteten Wangen, sechzehnjährige Fans mit »Scheiße«-Spruchbändern, wesentlich ältere Fans sind kaum dabei. Die Masse ist unruhig und gespannt wie der vielzitierte Flitzebogen, alle wollen es wissen: Wie sind die eigentlich auf der Bühne? Denn niemand hat sie bislang dort jemals gesehen, diese Superstars sind im Rundfunk, im Fernsehen, in Bars und Discos überaus präsent, in Videos des Musikfernsehens schwirren sie bunt und frech über die Bildschirme. Gibt es sie überhaupt wirklich, ist das nicht reine Phantasie? Oder schlimmer noch: *Tic Tac Toe* aus der fatalen *Milli-Vanilli*-Retorte, Mädels, die es vielleicht live gar nicht pakken, die gar nicht singen können und nur die Ausgeburt der Phantasie eines raffinierten Musikmanagers entspringen??? Einem anwesenden Bravo-Reporter kommen angesichts solcher naheliegenden Spekulationen erste Schweißperlen auf die Stirn – werden *Jazzy, Lee* und *Ricky* den wochenlang nicht nur in der Teenie-Presse ausgeschütteten Vorschußlorbeeren wirklich gerecht?

Warten auf die neuen Pop-Göttinnen

Ist dies nur wieder eine weitere One-Hit-Wonder-Group, die nach ersten Chart-Erfolgen gleich in den Himmel gelobt und schon nach kurzer Zeit durch Medien und undankbares Publikum in die Hölle gekippt wird? Der extra angereiste *Bravo*-Mann notiert seine Eindrücke, die später in dem Magazin veröffentlicht werden: »Die schrillen *Tic Tac Toe*-Sprechchöre der Fans dringen durch die geschlossene Garderobentür, nun stehen die Mädchen unter Strom. *Lee* läuft stumm und unablässig im Raum auf und ab, bringt sich mit *Fugees*- und *Nonchalant*-Songs aus dem Walkman-Kopfhörer in Stimmung. *Jazzy* rennt alle zwei Minuten zur Toilette. *Ricky* versucht ihre Nervosität mit einer weiteren Portion Erdbeeren zu dämpfen. Für die letzte Minute vor dem Auftritt haben sie sich eine besondere Zeremonie ausgedacht: Die Mädels berühren sich Stirn an Stirn und summen leise den magischen Meditationslaut ›OM‹. Das Ritual wird aber durch Lachanfälle der albernen *Jazzy* gestört, am Ende prusten alle drei los, patschen die Hände zusammen und stürmen zur Bühne.«[5] Und dann geht es zur Sache. Ein Schrei der Masse brandet ihnen entgegen, die Ahnung wird Wirklichkeit, jetzt sind die drei plötzlich tatsächlich Superstars, und das alles nur, weil man sich zufällig bei einer Hip Hop-Session traf. Aber das zählt nicht mehr, jetzt geht es um die Bühnenpräsenz, während die Fans wie wild herumhüpfen.

Die Wirklichkeit: Tic Tac Toe sind plötzlich Stars

Das Make-up sitzt, die Klamotten sind ausgewählt, das speziell für diesen Auftritt frisch gemixte Bühnenplayback erwartet die Sängerinnen und Sprecherinnen dieser Show. Rap live. Das Saallicht geht aus. Die Spots gehen an. *Ricky, Jazzy* und *Lee* stehen an den Mikrofonen, jetzt kommt der Beat von ihren schnell pochenden Herzen, am Bühnenrand keuchen und schwitzen die Fans. »Hey, seid ihr gut drauf?« – welch eine Frage von *Ricky,* man plaudert mit dem Publikum, letzte Worte vor dem Start ins erste Lied auf einer Bühne. Small talk bis zur finalen Frage: »Sollen wir anfangen?« Ein Orkan kommt als Zustimmung auf diese Frage, die gar keine ist, eine Woge der Gefühle breitet sich aus, *Tic Tac Toe* haben vielleicht doch schon vor dem ersten Ton gewonnen, jetzt kommt ihnen langsam die Gewißheit hoch: Ja, wir sind Stars, wir gehören auf die Bühne, das ist unser Leben.

Mikrofone voller heißem Atem

Den Rest besorgt das Adrenalin der jungen und wilden Popstars, neben dem peitschenden und knallenden Beat, der per Knopfdruck losschallt und die Halle in einen Dance-Tempel verwandelt. Heavy Riffs von Gitarren sind zu hören, *Jazzy* scheint sich großartig zu fühlen und schnellt bei jedem Beat wie ein Gummi-Flummi in die Höhe, Hüften kreisen und rotieren, Locken wirbeln, Mikrofone voller heißem Atem, drei abgedrehte Brummkreisel heben ab. Die Show kommt krachend auf den Punkt, hinter den Kulissen grinsen sich einige der Macherinnen und Macher aus dem Showbiz nun endlich entspannt zu, man prostet auf das Leben und die Lust am Geldverdienen – dieser Act ist ein Volltreffer und wird nun allen Beteiligten volle Kassen und weiterhin gute Laune bringen. *Tic Tac Toe* funktionieren live, sie sind so gut wie durchgesetzt, die Profis schmunzeln, das Volk rast und tobt und hängt den drei Mädchen an den Lippen. *Ricky* läßt ihre hübschen Rundungen weiter kreisen und streckt die Zunge demonstrativ heraus und der ganzen Welt entgegen, *Lee* blickt zornig in die Menge, *Jazzy* präsentiert sich als äußerst raffinierte Tänzerin, die sehr anziehend und sexy wirkt. Ausgerechnet hier in der superreichen Schweiz, wo man das Geld zum Ersatzgott ernannt hat wie kaum irgendwo sonst, wo die Banken das Wahrzeichen des Landes sind, singen die drei Mädchen aus dem Ruhrpott voller Wut und dennoch völlig unverkrampft gegen die Macht des großen Geldes an, gegen die Lügen in unserer Zeit und das unmenschliche Denken und Handeln.

»Reich und schön ist das neue Gesetz
Und dann wirst du gehetzt.
Es interessiert kein Schwein
ob du auf dem Weg dahin verreckst...«

Diese Botschaft kommt an, das ist hier plötzlich mehr als nur ein reines Teenie-Programm zum Abtanzen, Abfahren und Abheben. *Tic Tac Toe* vermischen mehr als jede Boygroup einen künstlerischen und individuellen Standpunkt mit echtem Engagement. Sie haben etwas zu sagen und sagen es. Und das Publikum will es hören. Jetzt und hier. Kaum ist der letzte Ton verklungen, regnet es Teddybären, Blumen aller Art, einige haben ihre Botschaften und glühenden Fan-Gelöbnisse geschrieben und werfen nun ihre Post der unterschiedlichsten Art auf die Bühne. »Selbst ein BH kommt geflogen«[6], meldet später aufgeregt die Teeniepresse und ahnt, daß da eine völlig neue Group fortan kräftig in der Szene herumwirbeln wird.

Selbst ein BH kommt geflogen

Der Rest des Abends ist ein Selbstgänger; wer diese Fans fragt, was sie als nächstes hören wollen, der ist wieder beim Ritual, beim verbalen Durchbruch durch die Mauern des verknöcherten und pingeligen Anstands: »Scheiße – Scheiße – Scheiße«. Die Fans rufen nach dem Superhit, der diese Gruppe so schnell so groß werden ließ. »Ich find' dich scheiße« hallt es durch die ganze Schweiz, das »Theater National« wird zum Hexenkessel, die jungen Hexen feiern ihr Fest, im Kessel werden nun auch hier die strengsten Benimmvorschriften gekocht. »Scheiße« – ein Zauberwort macht die Runde, wird gerufen, es gibt prompt die Antwort von der Bühne. Wieder wird der Lackaffe, der tumbe Chauvie, der Liebestöter geohrfeigt und für zu blöd befunden. Nur gute Jungs dürfen an diese »bösen« Mädchen ran. Dann folgt »Funky« neben all den anderen Songs. Der ganze Abend wird zur Dancefloor-Prozession, zur weihevollen Party, zum weiteren Startschuß einer soeben nochmals gestarteten Karriere. Sexy sind sie, Erfolg macht sinnlich.

Nur gute Jungs dürfen an diese »bösen« Mädchen ran

Ihre Tänze umschwirren die Jungs im Saal, und die Mädchen sind begeistert und entzückt. So wollen sie alle auch sein, alle wie sie hier sind. »Ugu Ugu, wer hat Angst?«, die letzten Sounds kommen aus den Boxen, die Brancheninsider denken schon an die Absacker im Backstage-Bereich, die schlauen Ich-hab'-das-ja-schon-immer-gesagt-Erklärungen, hinterher werden es alle gewußt haben, daß diese Mädchen-Band einmal auch großen Live-Erfolg haben würde. Hinterher ist man eben immer schlauer, auch und gerade in der oft halbseidenen Musikbranche. Doch nur *Jazzy, Ricky* und *Lee* ahnen an diesem Abend, was da noch kommen wird, denn nun wissen sie endlich ganz genau, wie gut sie sind – im Studio und auf der Bühne. Heute gibt es was zu feiern, die Feuertaufe ist geglückt, das Publikum hat ein beachtliches Debüt erlebt und wird später anderen davon noch viel zu erzählen haben. *Tic Tac Toe* können nun ihrer weiteren Karriere gelassen entgegensehen. Drei Zugaben folgen noch. Wasser wird in die durstigen Kehlen geküubelt, Schweiß dampft und schlägt sich tropfenweise an den Wänden nieder, alles ist feucht, alles ist gut. Sex & Rap & Hip & Hop. Ugu-Ugu-Ugu! Und dann nix wie Paaadie!

2. Wie alles begann

»Wenn ich einen Jungen zum ersten Mal treffe, schaue ich ihm zuerst tief in die Augen – und dann auf den Arsch!«[1]

Jazzy T.

Eigentlich waren sie nicht immer ganz gewöhnliche Mädchen, die aufwuchsen wie so viele andere. *Jazzy* und *Lee* stammen aus Gelsenkirchen, *Ricky* aus Dortmund. Eigentlich. Denn in ihren Adern fließt das Blut verschiedener Regionen und Kulturen, sie sind ein Stück lebendige deutsche Multikultur der neunziger Jahre. Und was haben sie früher gemacht? Eigentlich das, was alle Mädchen auf dem Weg ins erwachsene Leben machen: Tanzen gehen, Jungs nachgucken und über protzende Macker vom Schulhof an irgendwelchen Ecken leise tuscheln oder laut lästern. Es ist die Zeit für Proben und Pannen, für Experimente und wichtige erste Erfahrungen. Entscheidend ist dabei allerdings, daß sich Ricarda Nonyem *»Ricky«* Wältken, Marlene Victoria *»Jazzy«* Tackenberg und Liane *»Lee«* Wiegelmann vor der Zeit als inzwischen so überraschend erfolgreiches Pop-Trio gar nicht kannten: Nicht nur der Erfolg kam so überraschend über Nacht, sondern auch deren Band-Gründungsdatum. Doch dazu später mehr.

Ricarda und *Dr. Alban*

Zuerst einmal zurück in die graue Vorzeit, in die ganz frühen Jahre, als drei kleine Mädchen noch nichts von ihrer späteren Karriere auch nur ansatzweise ahnten, vor allem von den Partnerinnen zu diesem Lebenserfolg nicht das geringste wußten, sie schlicht gar nicht kannten. Beginnen wir mit *Ricky*. Der Onkel von Ricarda »*Ricky*« Nonyem Wältken ist beim Rückblick ins familiäre Innenleben der Wältkens interessanterweise gar kein ganz unbekannter Zeitgenosse. Im Gegenteil. Er hat die kleine Ricarda Wältken allerdings kaum direkt beeinflußt, sie spricht selber auch nur abschwächend von einer musikalischen Zufallsverwandtschaft, hat ihn erst vor kurzem richtig bei einer Party kennengelernt. Dieser Onkel ist also ein farbiger Zahntechniker aus dem schwedischen Uppsala, der sich ebenfalls eines Tages entschloß, Musik zu machen, sich mit seinem Feeling in die Musikbranche einzumischen und sich für eine Laufbahn als Musiker total ins Zeug zu legen. Was ihm bis an die Spitze der Hitparaden großartig gelang. Die internationale Musikszene kennt diesen Mann inzwischen bestens – er heißt »*Dr. Alban*« und liefert seit Jahren feinste Superhits mit schwerem Groove, prägnanten Melodien und typischem Erzählstil zu heißen Disco-Rhythmen. Auch er wandelt auf Black-Disco-Pfaden, nimmt dabei gern noch den Reggae ins Schlepptau. Welch ein Zufall, inzwischen staunt vermutlich auch der Onkel, was da in der gleichen Familie nun auch noch gleich nebenan so erfolgreich rappt. Anthony, der Vater von *Ricky* und Halbbruder des berühmten *Dr. Alban,* starb schon vor einigen Jahren, so wuchs sie allein mit der Mutter, einer Dortmunder Immobilienmaklerin, und ihrer Schwester Hannelore auf. Und ganz weit draußen in der Welt, im fernen Afrika, genauer gesagt in Nigeria, da leben noch weitere fünf Geschwister von Ricky.

»Wir wollen einfach so lange wie möglich zusammen Musik machen und Spaß haben«, erläutert *Ricky* heute in Interviews immer wieder ähnlich lautend ihre Zielsetzung. Onkel *Alban* dürfte da doch auch schwer angetan sein, die guten Hit-Gene setzen sich in diesem Clan offenbar konsequent durch. Auch von ihren strahlend blauen Augen, denen angeblich noch niemand zu widerstehen vermochte, müßte *Dr. Alban* doch spätestens seit dieser Kennenlern-Party schwärmen. Diese »Waffe« fand schon viel Anwendung, und selbst als Kleinkind waren schon alle von ihr fasziniert.

Die guten Hit-Gene setzen sich durch

»Meine Mutter sagte immer, ich wäre ein Sunshine-Baby. Ich war nicht quengelig und habe immer gestrahlt und viel gelacht. Es gibt wirklich kaum ein Kinderfoto von mir, auf dem ich nicht lächle.«[2] Gelächelt hat sie früher auch immer, wenn eine Barbie-Puppe in der Nähe war. Mit diesen Puppen war sie total glücklich, zu Weihnachten und an den Geburtstagen wünschte sie sich alles, was es auf dem Markt von diesen Puppen gab: Röcke, Jacken ... bis hin zu einem Barbie-Ferrari. Und dann strahlten ihre Augen stets wieder im wunderschönsten Blau, wenn sie unterm Tannenbaum die Pakete auspackte und alle möglichen Barbie-Utensilien zum Vorschein kamen. Neben ihren hübschen Augen waren und sind auch viele auf ihre dunkle Mähne neidisch. Denn diese prachtvoll-exotischen Locken hatte sie besonders in der Kindheit schon zur Schau getragen. Damals trug man noch den Afro-Look, wie *Ricky* ihn bereits im Alter von sieben Jahren vollendet kultivierte – alles heute im Familienalbum von *Tic Tac Toe* nachzusehen. Stolz war sie auf ihre Haare, enorm stolz, und das schon im Kindergarten.

Stolzer Afro-Look im Kindergarten

Und einen Hang zur Exzentrik scheint bei ihr im Blut beziehungsweise in den Genen zu liegen. *Ricky* erinnert sich: »Zehn Jahre war ich nicht beim Friseur. Meine Mom bürstete mir die Haare jeden Tag eine halbe Stunde lang. Das tat manchmal richtig weh. Mit zehn Jahren verlor ich leider eines Tages die Geduld und ließ mir die wilde Afro-Mähne total kurz schneiden. Das bereue ich bis heute.«[3] Und wer dieses schöne Afro-Haar nicht mochte und ihre Hautfarbe erst recht nicht, der mußte in früheren Jahren vorsichtig sein, denn bei rassistischen Sprüchen fackelte *Ricky* nie lange, sondern schlug sofort erbarmungslos zu. Welch eine Frau. Heute ist sie gegenüber derartigen Anwürfen wesentlich gelassener, für sie sind Rassisten, Nazis und sonstige Ausländerfeinde schlicht einfach nur Vollidioten, die sie nicht ernst nimmt und dies ihnen auch zu zeigen weiß. Streit versucht sie dank ihres eher ruhigen und ausgeglichenen Temperamentes auch ansonsten eher schnell zu schlichten, souverän sorgt sie in ihrem Umfeld für Fairneß und Ausgleich. Heute sind die Haare längst wieder ziemlich lang, im Vergleich zu damals fehlen noch 30 Zentimeter. Diese Distanz wird von ihr mit den hochmodischen eingeflochtenen Afro-Zöpfen überbrückt.

Chinesischer Tanz im Dortmunder Westfalenpark

Ihre Karriere begann übrigens eigentlich schon damals, als sie im sanften Teenie-Alter als leidenschaftliche Tänzerin schließlich Ballettunterricht bekam. Sie ging eisern zweimal in der Woche zum Training, zwei Stunden intensiver Ballettanzerei waren für sie keine Hürde. Sie freute sich immer schon vorher auf das eigentlich recht harte Training, die Anstrengungen steckte sie ganz locker weg. Und dann kam auch schon im zarten Alter von sechs Jahren gleich ihr erster Live-Auftritt. Auf einer Open-air-Bühne im Dortmunder Westfalenpark präsentierte sie sich gleich als hochtalentiert mit einer schwierigen Tanzinszenierung. *Ricky* tanzte einen chinesischen Tanz, der eine für ihr Alter eigentlich noch zu schwierige Choreographie aufwies. Doch dieser Herausforderung nahm sie sich mit Bravour an. Und lesen lernte sie durch und mit dem Jugendmagazin *Bravo,* wie sie heute als dort ständig präsente bekannte Künstlerin freimütig bekennt: »Meine Schwester kaufte sich immer die *Bravo* und zeigte mir die Geschichten. Ich war mit sechs Jahren schon ein totaler Nena-Fan. Ich lernte ein paar Worte, und eines Tages konnte ich plötzlich lesen.«[4]

Erwähnenswert ist noch ihr Sinn für netten Unsinn. Als sie mit zwölf Jahren ihre wilde Phase hatte, da hat sie beispielsweise einmal den Schlüssel zum Klassenzimmer absichtlich weggenommen und vertauscht. Im Anschluß daran durften alle Schülerinnen schließlich nach Hause gehen, die Penne kapitulierte. Das begeistert sie noch heute, da lacht sie immer noch gerne drüber. Jugendstreiche – Sternstunden in den ersten Lebensjahren.

Marlene – Erste Liebe am Strand der Camarque

Marlene Victoria *»Jazzy«* Tackenberg wurde in Gelsenkirchen geboren, und doch ist für sie die Côte d'Azur so etwas wie eine zweite Heimat geworden. »Mein Onkel Jean-Luc hat ein Haus in Port St. Louis du Rhône in Südfrankreich. Dort am Strand der Camarque verbrachte ich bisher jeden meiner 18 Sommer. Und da verliebte ich mich auch zum ersten Mal – mit 14, in einen Jungen namens Fabrice«, meint *Jazzy,* die oft lustigste Ulknudel der Truppe. *Ricky* nennt sie gar den »Clown«. Der Vater ist ein Medizintechniker, und ihre Mutter war ebenfalls in jungen Jahren mitten drin im Showbusineß. Die gebürtige Französin arbeitete jahrelang als Tänzerin, unter anderem tanzte sie in dem berühmten Musical »Hair«, ein Welterfolg zu Zeiten des popmusikalischen Aufbruchs einer ganz anderen Generation. Der Bruder Anthony ist mit der frechen Klappe der Schwester schon groß geworden, den wundert daher heute gar nichts mehr. Für die kleine *Jazzy* war er der erste Mann in ihrem Leben, den sie anhimmelte und ganz geschwisterlich nur für sich haben wollte. Heute erzählt sie lächelnd und abgeklärt über diese ersten Eifersüchteleien in Interviews, daß sie auf seine Freundinnen regelrecht wütend war, total eifersüchtig eben, abgeben wollte sie ihn einfach nicht, teilen schon gar nicht. Wenn er wegging, dann heulte sie oft vor Wut, worüber sie sich heute selber amüsiert. Ganze Stapel von Kissen wurden tränennaß, erste Verlustängste in einem noch jungen und ansonsten unbekümmerten Leben. Mit dem Onkel Jean-Luc verstand sie sich ebenfalls bestens, denn der ließ das kleine Energiebündel rasen, ließ ihrer Temposucht freien Lauf. Die Schwimmweste füllte sie noch gar nicht ganz aus, da stand sie schon dank Jean-Luc auf Wasserskiern und zerteilte damit die Wellen in höchster Geschwindigkeit. Das Mittelmeer liebt sie daher noch heute, denn dort führen sie ihre schönsten Kindheits- und Jugenderinnerungen immer wieder hin. Schon mit zehn Monaten konnte das weibliche Kraftpaket laufen, im Alter von drei Jahren bereits schwimmen.

Süchtig nach Tempo und rasender Geschwindigkeit

Der große Bruder Anthony blieb ihr bis heute ein treuer Kumpel und bester Freund, der große Altersunterschied – Anthony ist ganze sechs Jahre älter als *Jazzy* – wirkte sich im Gegensatz zu vielen anderen Familien und Geschwistern nie nachteilig aus. Im Gegenteil. Das Selbstbewußtsein der heutigen Girlie-Generation hat viel mit der radikalen Wende und dem aktiven Wandel im Leben zu tun. Schon damals orientierte sich *Jazzy* nämlich weniger am typischen Rollenklischee und zog ihr eigenes Ding durch. Ergebnis: Anthony mußte die kleine Schwester mit zum Bolzplatz nehmen, Fußball fand sie hochinteressant. Und wenn Anthony sie mal wieder neckte und sie frech »Hasi« nannte, dann kannte sie kein Pardon, da hat sie ihm in den frühen Jahren auch schon mal eine Ohrfeige verpaßt. Dadurch, so verkündet *Jazzy* heute, kapierte der Bruder ihre Wut über diese Verniedlichung endlich, kam wieder und schenkte ihr zur Entschuldigung einen Stoffhasen. Der wurde sofort »Hasi« getauft, er heißt heute noch so und ist ihr bewährter Talisman. Auch beim Skifahren im Winterurlaub war die sportbegeisterte *Jazzy* stets in der ersten Reihe. Noch heute erinnert sie sich an eine Anekdote, als sie nämlich im verschneiten Zillertal in Österreich klammheimlich loszog und prompt in einem tiefen eisigen Loch landete. Hilflos in der Schneehölle, *Jazzy* erinnert sich: »O ja, das werde ich nie vergessen. Meine Oma hatte mir damals gerade zu Weihnachten eine weiße Strickjacke mit Blümchen und ein Paar Kinderskier geschenkt. Als ich dann heimlich losgezogen war, landete ich plötzlich in einem Schneeloch und blieb stecken. Ich hatte die totale Panik. Es war bitterkalt, und ich schrie ganz verzweifelt um Hilfe. Erst nach einer Stunde fand mich mein Bruder Anthony und zog mich da heraus. Was war ich da erleichtert, da hab' ich nur gedacht: Wie gut, daß ich einen großen Bruder habe.«[5] Der konnte ihr nur in der Schule nicht helfen, wenn solche Ätzfächer, aus ihrer Sicht, wie Mathematik oder Deutsch auf dem Lehrplan standen. Da lernte sie lieber fluchen, beide Fächer fand sie – na, wie wohl? – richtig, die fand sie scheiße! Und, wen wundert's, im Sport hatte sie in der Schule mit den Lehrern und deren Anforderungen natürlich im Vergleich überhaupt keinerlei Probleme. Da sammelte sie munter die Einsen ein und lief die 100 Meter in beachtlichen 11,8 Sekunden. Eine rasende Frau, ein Tempo-Mensch.

Liane – Mädchenträume in der idyllischen Karibik

Wenn man heute Fotos von der kleinen Liane Wiegelmann anschaut, dann erblickt man ein kleines süßes Mädchen mit Stupsnase und leuchtenden Augen. Sie erinnert sich heute noch an die glücklichen Stunden, an die Lichter am Tannenbaum, damals beim ersten großen Weihnachtsfest. *Lee* saß da noch auf dem Schoß der Oma und war fasziniert von den funkelnden Lichtern, dem Grün der Zweige, dem Schmuck rundherum. In Interviews erzählt sie, daß sie im Anschluß ans erste romantische Weihnachtsfest stundenlang heulte, weil die Lichter ausgegangen waren. Kindheitsträume und erste Erfahrungen. 2,8 Kilo wog sie bei der Geburt, damit war sie eher zierlich und schon damals auch sehr hübsch. Von Natur aus kastanienbraunes Haar, ein Mädchen, welches aus der Masse herausfällt. *Lee* wuchs gut behütet als Einzelkind auf, zeitweise lebte sie mit ihrer Mutter in den Staaten. Hierzulande ging es zum Spielen in Omas Garten, die liebe alte Dame hatte zwar ein riesengroßes Herz für Kinder, nur *Lee* fühlte sich trotz dieser Liebe allzuoft allein. Im Alter von sieben Jahren hatten sich nämlich ihre Eltern scheiden lassen, so wuchs sie hauptsächlich bei der Großmutter auf, während ihre Mutter im Schichtdienst als Krankenschwester für den Lebensunterhalt sorgen mußte. Darunter litt sie sehr, war oft traurig, bedauerte und beklagte, daß sie keine Geschwister hatte.

So nahm ihr Leben denn auch logischerweise eine dramatische Wendung, als sie 1980 auf der jamaikanischen Trauminsel St. Vincent in der idyllischen Karibik – ihr Vater stammt von dort her – ihren Cousin Leeroy kennenlernte. Der Vater lebt heute übrigens in London, aber *Lee* hat angeblich keinen Kontakt mehr zu ihm. Damals in der Karibik war sie nun gerade mal drei Jahre jung, das ganze Leben lag noch vor ihr, und Leeroy wies ihr einen interessanten Weg. *Lee* mochte den lustigen Burschen auf Anhieb sehr gern, die Einsamkeit war plötzlich vorbei: »Von da ab waren wir unzertrennlich. Wir sahen uns in den nächsten Jahren regelmäßig. In Leeroy hätte ich mich beinahe verliebt. Er zeigte mir, als ich ein paar Jahre älter war, wie man mit einem Schnorchel taucht. Vor allem brachte er mir das Rappen bei. Ohne St. Vincent gäbe es heute *Tic Tac Toe* nicht!«[6] Die deutschen Fans dürfen sich also bei Leeroy bedanken, den sollte die Band am besten gleich als Maskottchen adoptieren und als Glücksbringer mit auf ihre wilde Reise durch die Entertainment-Welt nehmen. Zusätzlich wurde *Lee* geradezu ins Musikleben hineingeschubst, denn nicht nur Leeroy sorgte für die guten Kicks. So spielte ihr ihre Mutter oft Soul-Platten vor, was *Lee* dazu brachte, schon im Alter von vier Jahren Songs von *Diana Ross* nachzusingen. Kein schlechtes Vorbild.

Diana Ross, das Löwe-Mädchen und die guten Kicks

Lees Leben verlief nie in geraden Bahnen, aber dennoch fiel sie nie aus der Kurve. Sie ist ein äußerst sensibler Mensch, der sich die entsprechende harte Schale fürs Leben zugelegt hat. Die temperamentvolle *Lee* brachte laut eigenen Erzählungen in der Dortmunder Realschule die Lehrerschaft zum Verzweifeln. Denn in Mathe war sie derart fit, daß sie es sich sogar leisten konnte, sich mit dem Mathelehrer in Fachdebatten zu verstricken und diesen zu belehren. Das brachte ihm diverse graue Haare und dem Löwe-Mädchen jede Menge Selbstbewußtsein, was bekanntlich sehr gut fürs spätere Leben ist. Sie sagt von sich selbst, daß sie schnell denken und noch schneller reden kann – sie mußte also ganz einfach von Beruf Rapperin werden. Heute zertrümmert das einst so sensibel und scheu wirkende Mädchen mit lautem Schrei und hartem Handkantenschlag drei Zentimeter dicke Bretter. Vorsicht, ihr Machos, diese Frau singt nicht nur angewidert über Scheiß-Typen, sie kann solchen auch ganz schnell zeigen, wo es langgeht – im Extremfall nämlich ins Krankenhaus: »Wenn mir ein Typ schräg kommt, kann ich mich wehren. Ich habe den grünen Gürtel im Taekwondo«[7], wie *Lee* heute selbstbewußt meint. Heute lebt sie übrigens auch mit ihrer Mutter zusammen, teilt sich mit der 42jährigen Krankenschwester eine Vier-Zimmer-Wohnung in Dortmund. Schon mit vierzehn Jahren fuhr sie voll auf Rap-Musik ab, es kam irgendwie, wie es kommen mußte. Man stößt auf jede Menge Hinweise, die auf ein Showtalent hindeuten. *Lee:* »Ich schlüpfe gern in andere Rollen. Ich kann irre Grimassen schneiden und ganz blöd schielen. Als Talisman habe ich einen grimmigen Panther, den hat mir meine Mutter geschenkt. Und wenn ich wütend bin, seh' ich so aus wie er . . .«[8]

Wie viele Musiker tingeln und mucken jahrelang, bis sich endlich der Erfolg einstellt. Ricarda, Liane und Marlene, da verraten wir an dieser Stelle des Buches sicherlich noch nicht zu viel, haben nicht nur Erfolg, sie haben einen unglaublich frühen Erfolg. Wie das kam, werden wir gleich sehen. Was das bedeutete, faßte der Journalist Christoph Körfer in der *Bild am Sonntag* in der Silvesterausgabe von 1995 recht treffend zusammen: »Erfolg ist manchmal nur ein Kinderspiel. *Tic Tac Toe.* Vor einem Jahr lernten Marlene, Ricarda und Liane noch brav für ihren Abschluß auf der Realschule. 365 Tage später leben die 18jährigen Ruhrgebiet-Girlies in einer anderen Welt: Sie nennen sich jetzt *Jazzy T., Ricky* und *Lee* und haben als *Tic Tac Toe* ihre erste Platte aufgenommen. Ein rotzfrecher Ohrwurm: ›Ich find' dich Scheiße‹ singen sie darauf jedem, der es hören will –

oder auch nicht ... Noch bevor die Schülerinnen Marlene, Ricarda und Liane ihre Zeugnisse bekamen, hatten die Rapperinnen *Jazzy T.*, *Lee* und *Ricky* einen Plattenvertrag. Zum kurzen Entsetzen der Eltern.«[9] Dieses Entsetzen ist längst der Freude gewichen, von einem Lehrberuf mag da niemand mehr sprechen, jetzt leben sie als Musikerinnen und das gar nicht schlecht. Außerdem haben sie ihre Eltern, teils vor allem die Mütter, immer noch schrecklich lieb, mit denen teilen sie auch gern ihre neue Zeit als erfolgreiche Musikstars. Doch der Reihe nach ...

3. Wunder gibt es immer wieder

»Willst du mich für dumm verkaufen
Mach so weiter, 's wird nicht laufen
Aber was erzähl' ich dir,
du bist ja eh das Coolste hier
Ich find' dich scheiße ...«

April 1995. Im Kolpingheim in Dortmund rappt der Bär beim »Freestyle«. Kids sprechen schnellstens ihre gereimten Worte durch die Mikros, der Baß wummert, Gitarren hier und da, harter, klatschender Beat von den Drums. Ruhrpott-Groove. Die Klänge kommen aus der Retorte, wer singen will, kann es hier zum vorbereiteten Playback des Mixers tun. Den ganzen Abend über waren hier bislang meistens junge Männer auf der Bühne, niemand ahnt, daß die hier Anwesenden gleich die öffentliche Gründung und das Live-Debüt einer späteren Supergruppe erleben werden. Woher auch. Die Hip-Hop-Party zu vorgerückter Stunde, leere Flaschen kreisen im Rhythmus auf dem Partyboden, das Make-up ist leicht verschmiert, Schweiß unter den Baseball-Caps und auf den glatt rasierten Nacken der Hip-Hop-Jungs. Ein Mädchen namens *Lee* hat einen kurzen Auftritt, zur Abwechslung mal eine Frau in dieser Männerdomäne. Sie absolviert ihn recht gut, zu hören ist ein Titel von *Monie Love,* sie singt ihn ziemlich leidenschaftlich, was an diesem Abend zwei junge Mädchen im Publikum auf geradezu unheimliche Art und Weise anspricht. Beide stehen wiederum unabhängig voneinander an ganz verschiedenen Ecken des kochenden und schwitzenden Saales. Marlene und Ricarda sind total fasziniert von dieser jungen Frau, die sich *Lee* nennt, die da oben steht und es als Frau gut rüberbringt. Musik mit stechenden Worten, zerhackte Melodien, Sprache als Drumstick und Posaune.

Ein Mädchen namens Lee

Die Männer staunen und lachen, *Lee* zieht alle in ihren Bann, einfach locker, einfach supergut. Musik liegt ihr im Blut, fast schon professionell wirkt dieser Auftritt, das sieht gar nicht nach zweiter Klasse und blutiger Amateurin aus. Sie zieht ihr Ding kompromißlos durch.

Marlene und Ricarda bewundern ihren Mut, sich da einfach vor die Kerle hinzustellen und es ihnen zu zeigen, wirklich großartig. Und *Lee* singt munter weiter. Nun ist sie bei einem modernen Klassiker angelangt. Das Playback von »None of your Business« hebt an, *Lees* Stimme geht in diese tolle Wahnsinnsnummer von *Salt 'N' Pepa* hinein, sie trifft die richtigen Töne, sie hat das richtige Feeling, alle sind begeistert. Und *Jazzy* glaubt, nun träfe sie der Schlag. Sie wird hinterher nicht mehr genau wissen, was sich in diesen wohl entscheidendsten Sekunden ihres Lebens genau abgespielt hat. Sie muß da hinauf, sie muß hinauf auf diese Bühne und zu dieser Frau. Es ist der nackte Wahnsinn, diese Stimme, diese Band, dieser Song. Und *Jazzy* gibt sich einen Ruck.

Jazzy trifft der Schlag

Sie klettert spontan auf die Bühne hinauf, klettert nach oben, macht den größten Klimmzug ihres Lebens, ohne dies auch nur ein klein bißchen ahnen zu können. Sie entert die Bühne – und rappt dann einfach mit. *Lee* lächelt sie an, spontane Sympathie entsteht zwischen den beiden, sie sind urplötzlich sogar ein wenig vertraut miteinander. Warten auf der Groove. Da sieht *Jazzy* plötzlich ein Mädchen in der Menge stehen, sie sieht nett aus, wirkt total aufgeregt.

Ricky traut sich nicht

Jazzy erinnert sich an diesen großen Moment noch immer, es ist, als wär all das erst gestern gewesen: »Ich hatte *Lees* Auftritt so irre gefunden, daß ich spontan auf die Bühne geklettert war und sofort mitgerappt hatte. Plötzlich sah ich *Ricky* mitten in der Menge stehen, sah es ihr förmlich an, daß auch sie eigentlich mitmachen wollte, sich aber nicht traute. Und da habe ich ihr zugewinkt – und plötzlich kam sie dann rauf, und wir rappten zu dritt.«[1] Alles klappt, sie rufen sich die Worte zu, erzählen Geschichten und beindrucken die Jungs, von denen sie nicht »gedisst« werden, was von »disrespect« abgeleitet ist, dem Nichtakzeptieren der anderen im eigenen Revier: Gang- und Ghetto-Sprache aus den USA.

Das Publikum tobt und rast wie wild. Einige reiben sich die Augen, glauben es nicht recht, was sie da sehen. Drei Frauen und ein Song, alle miteinander verbunden, als gäbe es sie als Einheit schon seit vielen, vielen Jahren. Sie wirken wie Schwestern, sie kommunizieren vertraut, fühlen sich sichtlich wohl in ihrer Rolle. Doch leider haben sie keinen weiteren Song drauf, und so müssen sie wieder runter von der Bühne, raus aus diesem Film. Dabei haben sie es alle drei gespürt, daß da etwas mit und zwischen wildfremden Menschen funktionierte. Die Stimmen passen zusammen, sie sind gleichaltrig und haben gewisse äußere Ähnlichkeiten durch ihre multikulturelle Herkunft. Am liebsten wären sie

nun da oben geblieben, doch der Song ist aus, der Applaus begleitet sie bis zur Treppe. Und dort steht plötzlich eine Frau, die ein wenig mehr nach Busineß als nach Fun und Party aussieht. Claudia A. Wohlfromm hat es ebenfalls zur Bühne gezogen, gar nicht schnell genug konnte sie hin zu diesen drei Mädchen, diesen deutlich erkennbaren großen Talenten. Und man weiß nie, wer da noch im Saal ist, die Konkurrenz schläft schließlich nicht. Sie will diese Mädchen haben. Ihr Entschluß steht fest, felsenfest. Doch sie ist keine übliche Managerin der unterkühlten Art, sie wirkt eher jugendlich, die Mädchen finden sie auf Anhieb sympathisch.

Die Managerin am Ende der Treppe

Ricky, *Jazzy* und *Lee* können gar nicht an ihr vorbeikommen. Das Schicksal nimmt seinen Lauf. Die begeisterte Managerin Wohlfromm ist äußerst angetan und aufgeregt zugleich, sie ahnt etwas von möglicherweise kommenden Erfolgszeiten, deutsche Rapperinnen sind schließlich Mangelware, wie Frauen überhaupt in der gesamten Rock- und Pop-Szene leider immer noch klar in der Minderheit sind. *Ricky* erinnert sich an diesen Schicksalsmoment noch ganz genau, auf etwas Derartiges waren sie eigentlich überhaupt nicht vorbereitet gewesen. Die Akteure wurden eigentlich gar nicht gefragt, sie wurden hineingeworfen ins Leben, in eine erwachsene Erfolgswelt, ins Musikbiz. *Ricky:* »An der Treppe stand so 'ne Frau. Und als wir auf ihrer Höhe sind, da sagt die gleich: ›Ihr wart toll. Habt ihr Lust, eine Platte aufzunehmen?«[2] Und *Lee* ergänzt: »Wir machten ganz blöde Gesichter und antworteten dann: ›Na klar, es gibt nur ein Problem: Wir kennen uns überhaupt nicht!‹ Erst in den folgenden Wochen lernten wir drei uns richtig kennen und sind seitdem enge Freundinnen geworden.«[3] Managerin Wohlfromm schleppt die drei vollkommen unerfahrenen Mädchen direkt ins Studio, T. Börger fungiert spontan als Texter, Komponist und Produzent, was sich als weiterer Glücksgriff für das gesamte Team erweist. Der Mann, der solche Hits wie »Scheiße«, »Funky«, »Leck mich am A, B, Zeh« und »Verpiß dich« scheinbar aus dem Ärmel schüttelt, bringt die drei Naturtalente gleich auf die richtige Spur. Sie wachsen gleich während der Arbeit zusammen, werden ein Team. Nun muß nur noch der Name her. Und *Lee* hat da die entscheidende Idee.

Der Name, der aus dem Käsekasten kam

Bei ihren Fahrten in die USA hat sie das altbekannte »Käsekästchen-Spiel« kennengelernt, es selbst oft gespielt, irgendwie sieht sie einen Bezug zwischen diesem Spiel und der Band. In Amerika heißt dieses Spiel: *Tic Tac Toe.* Dieser Name ist es, Managerin und Produzent lassen ihn sich auf

der Zunge zergehen, sprechen ihn schnell und langsam, fragen Kollegen vertrauensvoll nach ihrer Meinung. Das klingt gut, da ist Musik drin, der Name kommt bei allen gut an. *Jazzy*, voller Selbstbewußtsein: »In dem Spiel mit den Käsekästchen muß man überall sein Zeichen setzen. Und das wollen wir jetzt tun – in den Charts und auf der Bühne.«[4] Und *Ricky* setzt noch einen obendrauf: »Das ist dieses berühmte Spiel mit den Kreuzen und Kreisen. Drei in einer Reihe – und du hast gewonnen! Genau wie mit uns!«[5]
Wirklich passend: Ein Name, ein Programm. Und nun geht es in Windeseile immer weiter voran. Man probt und bastelt an Sounds und Texten; gemeinsam mit T. Börger wird etwas entwickelt und wieder verworfen, *Lee* spricht von fünf Leuten, die eigentlich dieses Musikprojekt ausmachen würden. Also neben den drei Rapperinnen und Producer T. Börger noch Managerin Wohlfromm, auch als Mädchen für alles präsent. Sie ist eine Art Übermutter des Projektes, ist den Mädchen sowohl Freundin, Beraterin und vor allem auch für sämtliche Problemlagen und die entsprechenden Lösungsvorschläge zuständig. Musikverlag und Plattenfirma sind inzwischen vom Projekt schwer begeistert, immer weitere Partner finden sich, die mit dieser Gruppe und dem ersten Song »Scheiße« in den Markt wollen. Denn dieser Song klingt wirklich aufregend und wirklich andersartig, das ist neuer und frecher, das ist endlich Hip Hop aus Deutschland, der sich nicht mehr brav an Vorgaben hält und nur an Plagiate erinnert. Außerdem fehlt den drei Mädchen dieser verkrampfte Macho-Charme, wo man sich bei Bands wie dem *Rödelheim Hartreim-Projekt* doch eher an aggressiven Vorbildern des US-amerikanischen Gangsta-Rap orientiert. Man vermutet zu diesem Zeitpunkt allerdings noch, daß es massive Probleme bei den Sendern wegen des Textes geben könnte, denn harmlos sind *Tic Tac Toe* nun auch wieder nicht. Trotz des jugendlichen Alters

wirken die drei Mädchen kein bißchen wie Schulaula und kleine Mädchen. Schnell spricht sich daher in der Musikbranche, einem wahren Klatsch-&-Tratsch-Dorf, das Gerücht herum, es gäbe da eine Girlband aus dem Ruhrpott, mit Hip Hop-Girlies, die klasse aussehen würden und tatsächlich auch noch musikalisch was drauf hätten. Die Worte von der deutschen Antwort auf *Salt 'N' Pepa* (»Let's Talk About Sex«) machen die Runde. Und dann kommt der Knall. Die Single wird veröffentlicht und zum Hit auch bei den Machern auf der anderen Seite selber. In der *VIVA*-Redaktion tanzen die Redakteure auf den Tischen, der Kölner Musiksender läßt den scharfen Hit viermal am Tag laufen, »Scheiße« rotiert und rotiert bei *VIVA* – die Schallplattenhändler staunen und ordern die heiße Ware kartonweise mit offenen Mündern. Doch noch zögern die Radiostationen, steht den Programmdirektoren in den deutschen Dudelfunkhäusern mit ihren meist spießigen Sendevorschriften der Angstschweiß auf der Stirn, sie spielen das Stück erst einmal gar nicht, während *VIVA* es ihnen per Rotation wie eine Schlinge um den Hals gelegt hat: Endlich mal Klartext und ein frischer Wind im oft langweiligen Tagesgeschehen der Musikszene. Der Hit läuft und läuft und läuft im *Musik*-TV, die Fans stürmen die Plattenläden, der Rundfunk sieht erstmal wieder nur blaß und langweilig aus. Und dudelt genervt vor sich hin.

Der Scheibenfirma gehen die Platten aus

Doch bei der RCA kommt trotz des anfänglichen Radioboykotts die Herstellung gar nicht mehr richtig nach, so groß ist die Nachfrage in den Schallplattenläden. Singles müssen nachgepreßt werden, die Medien werden dabei generell immer aufmerksamer – alle wollen es nun wissen:

Who – the shit – is *Tic Tac Toe?* Wer singt da, wo kommen die denn her? Wer hat da eben was von »Scheiße« gesagt? Die Sensation ist perfekt, selbst die kundigen Strippenzieher staunen hinter den Kulissen, auch wenn das Hitmachen eigentlich ihr täglich Brot ist. *Tic Tac Toe* sind bei den jungen Leuten derart gefragt, daß ihre erste Single – die Debüt-Single einer bis dahin komplett unbekannten Band! – in nur vier Wochen in den Top 30 landet. Auf der Rückseite übrigens der weniger spektakuläre B-Titel »'N Mann«, eine dennoch ausgeschlafene coole Funk-Nummer, ebenso gut hörbar und – typisch *Tic Tac Toe!* – unterhaltsam. Eine Band mit Anti-Langweile-Garantie.

Eine rotzige Rap-Attacke

Die Tageszeitung *Die Welt* spricht inzwischen eher wohlwollend von einer »rotzigen Rap-Attacke«[6]. Diese »Scheiße« kommt zunehmend gut an, während bei dem neuen deutschen Pop-Trio und Fräuleinwunder diverse Events folgen, die Management und Promoter logischerweise wie Benzin in rauhen Mengen ins offene Feuer kippen. *Tic Tac Toe* sind aus dem Stand plötzlich megapräsent, ein gar nicht so kleines Wunder geschieht: Autogrammstunden bei Karstadt, kleine und größere Shows, sie werden herumgereicht und angeglotzt, die Fans sind aus dem Häuschen und kleben sich ihre Wände mit Postern von *Tic Tac Toe* voll. Fitneß wird da zur Pflicht, die Showbranche gilt vielen zu Unrecht als das moderne Babylon, als der lockere Sündenpfuhl, wo man sich mit Drogen vollknallt und den halben Tag verpennt. Das war vielleicht gestern noch so, heute gelten ganz andere Regeln. *Jazzy, Lee* und *Ricky* lernen eine knallharte Branche kennen, in der Fitneß und Konditionstraining an der Tagesordnung sind, zumal dann, wenn man an die Spitze und dort oben länger bleiben will. Und: Dicke Menschen werden keine Pop-Stars, eine Grundregel der Branche, Ausnahmen bestätigen diese Regel. Aber da die drei Rauschgifte sowieso eklig finden und Drogen entschieden ablehnen, sind sie auch in keinster Weise gefährdet. Die Band erkennt dies hingegen als positiven Streß, sie freundet sich zur Überraschung der professionellen Beobachter schnell mit diesen harten Regularien an, sie beginnt ihr gemeinsames Ding durchzuziehen. *Tic Tac Toe* zeigen sich von Beginn an als disziplinierte junge Frauen, die das Zeug zum Vollprofi wie selbstverständlich gleich an den Start mitgebracht haben.

Pop-Stars mit Quali und mittlerer Reife

Die mittlere Reife haben *Lee* und *Ricky* nun sowieso schon seit einem Jahr als Schulabschluß in der Tasche, *Jazzy* hat den Quali geschafft. Eine Lehre wird nun nicht mehr angepeilt, ihre etwas andere Lehrzeit hat ohnehin soeben begonnen, was juckt sie da noch ein weiterer mühsamer Berufsabschluß. Genug der Schulbank, die Leinen sind los. *Fit for fun and for the job* – kein Problem, *Jazzy* hatte ohnehin nach der Schule als Animationstänzerin in Discotheken vor johlendem Publikum gejobbt, und *Ricky*, die bekanntlich schon im frühen Alter begeistert beim Ballettunterricht teilnahm, hat sich ebenso schon früh mit ihrem nun realisierten Job in Grundzügen befaßt. Beide haben also daher gute Voraussetzungen mitgebracht. Auch *Lee*, die schon so früh das Rappen vom Cousin Leeroy beigebracht bekam, ist wie geschaffen für das Leben als Musikerin, so nimmt alles seinen Lauf. Die nächste Single »Funky« soll bald kommen, man arbeitet auf ein erstes Album hin, welches noch den Arbeitstitel »Ruhrpottniggaz« trägt – eine sprachliche

Verballhornung des abfällig gemeinten Schimpfwortes »Nigger« für dunkelhäutige Menschen, angelehnt auch an den Sprachgebrauch der US-Rap-Gangster. Doch im krassen Gegensatz zu früheren Politrockzeiten gehen *Lee, Ricky* und *Jazzy* mit solchen Fragen eher souverän und lässig um, sie wollen keine Betroffenheits-Arien trällern. *Jazzy* erklärt der Presse dabei in gewohnter Offenheit, wo es langgeht: »Wir stehen auf starke Frauen, die ihre Meinung sagen. Und singen frei nach Schnauze über Liebe, Drogen und die Zukunft.«[7] Vergleiche mit den anderen starken Frauen von *Salt 'N' Pepa,* die nun immer häufiger von den vergleichssüchtigen und schubladenorientierten Medienmenschen angestellt werden, stören die drei Senkrechtstarter gar nicht.

Ruhrpottniggaz

Das ist für sie eher wie eine Auszeichnung, denn *Salt 'N' Pepa* gehören schließlich zu ihren Idolen, und bei dem *Salt 'N' Pepa*-Song »None of your Business« hat man sich schließlich gefunden und diesen künstlerischen Bund fürs Berufsleben geschlossen. Zu den wenigen deutschen Vorbildern zählen für sie die *Fantastischen Vier,* auch diese Gruppe gehört zu den Shooting Stars des hiesigen Hip Hop. Und wer so viel Musik im Blut hat, der kann eigentlich auch einfach nur noch weitermachen, wenn der Anfang getan ist. Und welch ein glorreicher Anfang. »Ich find' dich scheiße« erreicht Platin-Status, eine Flut von Mädchen-Bands versuchen sich an diesen Erfolg ranzuhängen. In Interviews müssen *Tic Tac Toe* nun landauf, landab immer wieder erklären, was sie gegen welche Kerle haben, ob sie denn die Jungs in Wirklichkeit genauso schonungslos niedermachen würden wie in ihrem Hit, will die Teeniepresse und selbst das altehrwürdige Feuilleton wissen. Klar, da schimpfen sie auf blöde Macker und dumpfe Machos, doch in die Klischeefalle tapsen sie nicht, den oft rhetorischen Medienfragern gehen sie nicht auf den Leim. Leute, die nichts kapieren würden, seien ihre Feinde, die würden sie angreifen. Gerne geben sie solchen Idioten was vor den Latz, doch auch dumme Weiber bekämen ihr Fett weg, denen sagen sie schließlich auch ihre Meinung. Argwöhnische Blicke über die Notizblöcke hinweg bei solchen Interviews. *Jazzy* vergißt darüber nicht darauf hinzuweisen, daß es hierbei auch um Musik und um einen beachtlichen Durchbruch geht. Insbesondere nachdem die Gruppe im Wonnemonat Mai in Hamburg, in *Stuck's Go-Kart-Bahn* an der Lagerstraße, von BMG-Ariola-Chef Michael Anders eine Platin-Auszeichnung für 500 000 verkaufte Exemplare ihres »Scheiße«-Hits in die Hände gedrückt bekommt. Da fließen Tränen der Freude gleich kübelweise, die drei Mädchen zeigen sich da gar nicht so cool, sie sind schlicht überwältigt vom Erfolg. *Jazzy* drückt aus, was nun alle Beteiligten gut nachvollziehen können: »Daß sich unser Traum so schnell erfüllen würde, hätten wir uns nie vorstellen können, aber es macht wahnsinnigen Spaß, und wir wollen noch lange weitermachen.«[8]

Soul als Lebensstil, Hip Hop als Gedanke, Rap als Sprache

Ricky meint dazu: »Rap und Hip Hop ist die Musik, die tief aus der Seele kommt, die Weiterentwicklung von Soul. Ich stand da schon immer drauf, seit ich denken kann. Mir passiert es manchmal, daß ich anfange, in Raps zu sprechen – ohne daß ich es will.«[9]

Und *Lee* ergänzt dies, rückt dabei das Bild von *Tic Tac Toe* gerade: »Hip Hop bringt's einfach mehr als Pop. Ich wußte immer schon, ich muß etwas mit Musik machen. Aber ich möchte gleich mal eins klarstellen: Wir machen keinen Hip Hop, sondern unseren eigenen Stil. Der heißt einfach *Tic Tac Toe.* Das ist deutscher Sprechgesang, den verschiedene Arten von Musik begleiten können.«[10] Noch irgendwelche Fragen?

4. Sch... im Radio

»Nicht zu glauben, man stelle sich vor:
ROCK ME IN THE MORNING
und FUCK ME ON THE FLOOR.
Wißt ihr eigentlich, was das heißt
oder könnt ihr Englisch nicht verstehn
– Vögel mich am Morgen
und Ficken auf'm Teppich ist ja auch ganz schön.«
Udo Lindenberg in seinem Song »Sex im Radio«

Deutschland hatte bislang eigentlich immer schon ein Problem mit der Darstellung von Sexualität in der Öffentlichkeit, die auch im Zeitalter des Erotik-Fernsehens mit landesweiten Sendungen wie »Liebe Sünde«, »peep!« oder »Wa(h)re Liebe« nicht völlig verschwunden ist. *Udo Lindenberg* hielt der Nation erst kürzlich daher mit seinem Song »Sex im Radio« den Spiegel vors Gesicht. Was in England und selbst den wesentlich prüderen USA eine Selbstverständlichkeit ist, ist bei uns per Vorschrift mit Vorsicht zu genießen.
Oder auch gleich verboten: No Sex! In dem oben zitierten *Lindenberg-Song* reihte der Pop-Altmeister Zeile um Zeile aneinander, stellte so ziemlich alles aus bekannten Songtexten vor, was bei uns aber nicht gesendet würde, wenn es denn die Medien und die Macher plötzlich in deutscher Übersetzung verstünden: »TALK ABOUT SEX: SUCK MY DICK – SHAKE YOUR THING – MY DINGELING – TWENTY-THREE POSITIONS IN A ONE-NIGHT-STAND – VOULEZ-VOUZ COUCHER AVEC MOI – GET ON THE SCENE LIKE A SEXMACHINE – WHY DON'T WE DO IT IN

THE ROAD – OUTSCH, BABY, PUSH IT, OUTSCH – I'M YOUR CANDYLICKER – YOU SEXY MOTHERFUCKER.«

Undsoweiterundsofort.

Die Prinzen aus Leipzig, Nachwende-Pop-Stars in Germany, hatten eigentlich auch gedacht, daß es in der neuen BRD wesentlich freizügiger wäre als in der alten und vor allem doch auch ziemlich spießigen DDR. Sie waren dann aber doch ziemlich erstaunt, als sie zu Beginn ihrer Karriere immer mal wieder von den Sendern geradezu zensiert und totgeschwiegen wurden und ihnen Widerstände gegen Worte entgegenkamen, die man eben einfach nicht zu sagen hätte. Prinz *Sebastian Krumbiegel* meinte dazu: »Früher haben wir singen können, was wir singen wollten, wenn es nicht gerade ›Honecker ist blöd‹ war. Wenn wir jetzt ein Lied haben, wo zum Beispiel das wunderschöne Wort ›fikken‹ drin vorkommt, würde keine Radiostation das spielen. Es gibt eben auch im Westen eine Zensur, auch wenn die meistens über das Geld geregelt wird.[1] Um so sensationeller wird das, was *Tic Tac Toe* Anno '96 in Deutschland gegen alle diesbezüglichen Vorhersagen nun durchziehen. Doch nicht nur der Erfolg des »Scheiße«-Liedes ist schließlich im Sinne der dadurch auch erreichten Freizügigkeit beachtlich, auch die gesamte Selbstdarstellung der Gruppe ist provokant und wird dennoch zugelassen. »›Ich find' dich süß, kein bißchen scheiße‹ rappt *Lee* und greift *Jazzy* frech an den Busen. ›Unter Frauen ist das erlaubt!‹ grinst *Ricky*.«[2]

Was ist passiert? Bei einem Bravo-Fototermin erlauben sich *Tic Tac Toe* jede Menge natürlicher Freizügigkeiten, vollkommen unverklemmte Stars gönnen sich ihre Scherze, spielen dabei mit sich und ihrer neuen Starrolle und auch mit den nervösen und gelegentlich irritierten Medien. Und während sie hier im Frühjahr '96 bei solchen Terminen gleich fröhlich zur Sache kommen, steigt ihre Single »Ich find' dich scheiße« munter weiter in den Charts nach oben.

Die Ähnlichkeit mit einem Pfefferminzprodukt entdecken die einen im Namen, während andere wiederum über die hübsche Verpackung des Produktes staunen. Zunehmend sind sich die Kritiker einig, daß hier etwas wirklich Scharfes und Erfrischendes die deutsche Pop-Szene bereichert. Doch die Wortwahl bereitet vielen Kopfzerbrechen, das Wort »Scheiße« wird plötzlich landesweit diskutiert. Die 14jährige Dani Odesser darf für *jetzt,* die Jugendbeilage der *Süddeutschen Zeitung, Tic Tac Toe* interviewen, dabei schickt man die Kleine auch vor, damit sich die erwachsenere Redaktion nebenan mal ein Bild von dieser frechen Gruppe machen kann.

Was soll man machen, wenn's einfach paßt?

»Wenn ich ›Scheiße sage, wird meine Mutter böse. Wie ist das bei euch?
Lee: Meine sagt schon, hey, das kannst du doch auch vernünftig ausdrücken. Aber was soll ich machen, wenn's einfach paßt?
Ricky: Meine hat sich früher aufgeregt, wenn ich nur ›geil‹ gesagt habe. Aber inzwischen bin ich alt genug – jetzt sagt sie nichts mehr.«[3]
Die römisch-katholisch getaufte *Lee* ist stets für freche Sprüche gut, vielen fällt da der Unterkiefer vor Überraschung runter: »Mädchen machen sich für Jungs schön, weil das Auge der Jungs viel besser entwickelt ist als ihr Verstand.«[4]
Von den »bösen Ruhrpott-Girls« spricht die *Bild am Sonntag* und kann sich denn doch das folgende Zitat von *Jazzy* nicht verkneifen: »Mein Tip an alle: Laßt eure Wut raus, wenn ihr Probleme habt. Selbstbewußt und direkt die Meinung sagen, das tut verdammt gut.«[5]

Das Wunder namens *Tic Tac Toe* ist aber nicht am Ende, sondern erst am Anfang. Und was vor etlichen Jahren noch undenkbar gewesen wäre, geschieht nun. Die Rundfunkfront stürzt wie ein Kartenhaus zusammen. Früher hatten etwa *Die Prinzen* noch richtige Probleme, als in ihrem ersten Hit »Gabi und Klaus« es in einer Songzeile leicht anrüchig hieß: »... das Leben ist grausam und Gabi ein Schwein ...«. Das paßte vielen Redakteuren überhaupt nicht in den Sendekram, sie versuchten, der Gruppe den Saft abzudrehen. Der *Südwestfunk* etwa war empört und spielt noch heute den Song in leicht zensierter Fassung: Über jedes »Schwein« legte der Sender einen Pfeifton, welches in der Praxis eher zur unfreiwilligen Komik führte. Doch jetzt werden die Radiomacher endlich lockerer. In den letzten Jahren und Monaten ließen sie erkennen, daß mit den ganz prüden Zeiten nun Schluß sein soll, daß man nicht länger hinter den Fernsehanstalten so weit zurückliegen wolle. Wurde noch vor Jahren der *Prinzen*-Song »Die Bombe« wegen politischer Radikalität gegen Nazis von vielen Sendern auf den hausinternen Index gebracht, so ist deren »Alles mit 'm Mund« am Jahresende 1996 kein Tabuthema mehr. *Tic Tac Toe* hatten da auch schon alle Dämme gebrochen. Und wie das kam, erläutert deren Managerin Claudia A. Wohlfromm: »Zu Beginn wollte kein Sender ›Ich find' dich scheiße‹ spielen, die sind erst eingestiegen, als das Lied über die Videoclips auf den TV-Pop-Kanälen schon ein Hit war.[6]

Was sogar ein gestandener Rundfunkmann offen eingesteht. Ulrich Pioch, Musikchef von *Antenne Bayern,* gibt unumwunden zu, daß man gegen die Power aus dem Ruhrpott, namentlich *Tic Tac Toe,* gar nicht mehr ankam, wie beim Fußball war da ein Dribbelkünstler in Gestalt des Pop-Trios vorm Torwart, so hatte *VIVA* den Rundfunk mit »Ich find' dich scheiße« geradezu schwindelig gespielt. Selber schuld. Pioch gibt zu Protokoll: »Erst als ›Ich find 'dich scheiße‹ vorn in den Charts war, haben auch wir das Lied gespielt. Wir können es uns nicht leisten, uns einem Trend zu verschließen. Wenn das Stück bei der Konkurrenz läuft, müssen wir es auch bringen.«[7] So ist es eben, Gott sei Dank: Konkurrenz belebt das Geschäft. Was *Tic Tac Toe,* die mit dem »Scheiße«-Song bis auf Platz eins der Charts gelangen und dort oben als fröhliche Sieger von allen gefeiert werden, daraufhin auslösen, kann man nur noch als eine wahre Girlie-Mania bezeichnen. Überall entdecken nun Frauen und Mädchen ihre vermeintlichen Talente, fühlen sie sich berufen, es den drei neuen Vorbildern nachzumachen.

Was vor allem dann besonders kräftig und peinlichst scheitert, wenn die Masche deutlich erkennbar ist, wenn es Zweitliga-Manager sind, die mit ihren Retortenprodukten auf den fahrenden Zug springen wollen.

So nennt sich plötzlich eine Gruppe *Die kranken Schwestern* und spekuliert als eine Art *Tic Tac Toe*-Kopie für Arme auf einen ähnlichen Medienrummel zwischen Index und Durchbruch. Deren Song heißt »Ich hol' dir einen runter«, womit natürlich die Sterne am Abendhimmel gemeint seien. Hahaha. Selbst in Flensburg bei Beate Uhse – das ist dieser Konzern, der aufblasbare Puppen, Präservative und Dildos aller Sorten und Geschmacksrichtungen als Versandhaus anbietet – lacht angeblich keiner über diesen dummen Pop-Versuch. Der Song kommt auch nicht ins Radio, aber nur, weil er schlicht gesagt ganz einfach schlecht ist. Da *Tic Tac Toe* aber noch mehr zu sagen haben, wird es nun Zeit für weitere Singles und ein erstes Album.

Dabei sagen sie noch viel mehr und ganz unmißverständlich, an diese Sprache müssen sich nun alle zunehmend gewöhnen. Aber sie sagen es auch auf einem gewissen Niveau, ihre Sprüche wirken natürlich und wenig aufgesetzt. *Lee, Jazzy und Ricky* sind bei allem witzig und ungekünstelt, sie sprechen vollkommen klar und nachvollziehbar über sich und ihren ganz persönlichen Kosmos, kleine Boshaftigkeiten inklusive. Wenn *Jazzy* etwa über Jungs redet, hat das jede Menge von augenzwinkerndem Charme und steckt voller Ironie. Da lachen dann selbst die Herren der Schöpfung: »Gestylte Jungs kommen mir manchmal wie Zwiebeln vor: Man pellt Schale für Schale ab, und was übrigbleibt, ist zum Heulen.«[8] Frech und unwiderstehlich bleiben sie, mit dem Erfolg kommen sie zurecht. Es wird Zeit für neue Untaten, die Branche, die Medien, das Publikum warten auf neue Botschaften aus dem Hip Hop-Pott. Und der nächste Schlag trifft schon wieder die Magengrube der Medienbeobachter.

Popcorn kommt als ein weiteres deutsches Fachblatt für Jugendfragen gar nicht mehr aus dem Staunen heraus, als Deutschlands frechste Rap-Gören mit einer neuen Single an den Start gehen: »Jetzt singen sie übers Vögeln!«[9] texten die Redakteure in einer Überschrift zur neuen Single. Tatsächlich, sie fühlen sich nun ganz »funky«, sprechen vom »Pillermann« und vom »Gummi« – und kommen schon wieder in den Chart-Himmel. Von einem One-Hit-Wonder kann man spätestens jetzt nun wirklich nicht mehr sprechen. Jetzt, wo sie übers Vögeln singen ...

5. Deutschlands frechste Rap-Gören

»er ist süßer als die Polizei erlaubt
er hat mir die Sinne geraubt
und jetzt sitz' ich auf seinem Schoß
ein kleiner Traum wird riesengroß –
ich fühl' mich funky – au ...«

Das macht Spaß. *Tic Tac Toe* veröffentlichen eine Single, wieder beziehen sie Stellung zu einem Thema, welches in dieser Art auf wohl allen Schulhöfen der Republik kursiert. Jeder Song eine Message, so auch dieser, von Zeigefinger keine Spur, der wird höchstens gelegentlich ganz zeitgemäß durch den gestreckten Mittelfinger ersetzt. »Funky« handelt von einem Mädchen, welches sich Hals über Kopf total in einen Typen verknallt hat. Wurde »Ich find' dich scheiße« noch von vielen als Frontalangriff auf die gesamte Männerwelt fehlgedeutet, so erzählt »Funky« ganz entspannt von der schönsten Nebensache der Welt – dem Sex.

Und bei »Funky« können die drei Rap-Plauderinnen gar nicht an sich halten, da muß es ausnahmsweise mal der Richtige sein, den sie vor Augen haben, kein getunter und aufgemotzter Affe wie bei »Ich find' dich scheiße«, sondern ein wirklich toller Hecht, ein Supermann! Ein netter und anziehender Typ, der totale Herzensbrecher – den sie nämlich alle drei noch suchen. Doch dazu später mehr.

Dieser Song erscheint nun Ende März 1996, kurz darauf folgt das Album mit dem inzwischen schlichten Titel »*Tic Tac Toe*«. Der ursprünglich angedachte Cover-Titel »Ruhrpottniggaz« erschien den Band-Strategen letztlich zu polarisierend, damit kann man die Massen eventuell auch verfehlen, auch mißverständlich war er. Und dies ist letztlich auch voll konsequent, sie sind keine »Niggaweiber«, die unter der Last ihrer multinationalen Herkunft leiden, sondern selbstbewußte Stars – sie sind ganz einfach *Tic Tac Toe!* Und damit basta! Außerdem, so merken *Lee, Ricky* und *Jazzy* heute an, war dies auch eher eine ironische Anspielung auf die US-Szene gewesen, mit ihren *Gunmen* und dem Diss-Streß, wo man andere hart angreift und die Reviere von Banden abgesteckt und umkämpft werden. Der Ruhrpott sei nicht die Bronx, meinen sie lachend, das sei eher ein Gag gewesen mit diesen »Niggaz«. Sie wollten bloß mal diese Schiene auf die Schippe nehmen.

Mit ihrer lockeren Einstellung gehen sie ab sofort auch in die Interviews; wer nach der passenden Stilschublade für die »Scheiße«-Sängerinnen fragt, wird von denen zur Brust genommen und auf den Bandnamen verwiesen. Sie sind *Tic Tac Toe,* irgendwann einmal sogar mit Instrumenten und weiteren Musikern verstärkt und dann wirklich eine wahre Band mit ganz eigenem Stil. Die gesamte CD des Trios offenbart schließlich auch klar deren Themenpalette, ihre Gedanken und Gefühle, Jungs kriegen nicht nur was auf die Mütze, nicht das ganze Leben ist pure scheiße, sondern manchmal ist es eben auch ziemlich funky – und wenn dann doch nicht, wenn der Boy sich als Pfeife entpuppt, wenn der Frust kommt und die Liebe schwindet, dann singen sie fest entschlossen: »Leck mich am A, B, Zeh«. Doch wenn der richtige Mann daherkommt, kein Macho und Fiesling, sondern ein einfühlsamer Klassetyp mit Stil und Einfühlungsvermögen, dann schließen *Lee, Jazzy* und *Ricky* nicht einmal das Kinderkriegen aus.

Das erfahrene DoRo-Team wurde von Beginn an gleich für die Video-Produktion angeheuert, denn Rudolf »Rudi« Dolezal und Hannes Rossacher sind im europäischen Raum die wohl versiertesten und inzwischen gefragtesten Videoproduzenten. Zu *Tic Tac Toe* passen nur Klasse und Stil, das ist die feste Meinung von Management, Verlag und Plattenfirma; hier wird bei den Produktionen nicht ausgerechnet am falschen Ende gespart, nicht gekleckert sondern geklotzt. Und die beiden Österreicher sind da als beste Adresse ausgewiesen, arbeiteten sie doch schon mit diversen zufriedenen Größen aus der internationalen Pop-&-Rock-Szene. Insider schätzen deren konsequente Art, denn was die beiden »Torpedo Twins« (so nennt die Musikbranche ihre besten Clip-Macher) anpacken, das gilt als bereits erfolgreich. DoRo-Clips werden bevorzugt von Sendestationen behandelt und häufiger gezeigt. Auf der Kundenliste des DoRo-Teams stehen unter anderem auch Namen, die sich wie ein Who's who der Popszene lesen, so neben vielen anderen *David Bowie, Queen,* die *Rolling Stones* und *Michael Jackson.*

An der Entstehung des deutschen Musiksenders *VIVA* waren die beiden Visualisten auch nicht ganz unbeteiligt, und selbst in Hollywood schätzt man die beiden Profis aus Austria – dort wurden sie bereits mit den »Monitor Awards« ausgezeichnet, eine Art »Oscars« der Videoclip-Branche. Von Herzen sind Dolezal und Rossacher laut eigenem Bekunden immer Rock 'n' Roller gewesen und geblieben, »unser Instrument wurde die Kamera«[1], wie Dolezal meint. Und Dolezal sieht die Arbeit mit Musikern auch unter folgenden – sehr künstlerfreundlichen – Vorzeichen: »Ein Wodkaglas, das durch ein riesiges Hotel bis zum Gitarristen *Keith Richards* geschoben wird, verrät doch viel mehr über

die Magie der *Rolling Stones,* als wenn ein ganz Schlauer eine Frage über Sex and Drugs and Rock 'n' Roll zum hundertvierzigsten Mal stellt... Videoclip-Müll erkennt man daran, daß Videomacher versuchen, sich auf Kosten der Band oder auf Kosten der Musik mit irgendwelchen pseudowitzigen oder pseudooriginellen Ideen in den Vordergrund zu stellen. Ich finde es angenehm, wenn die Bilder nicht versuchen, den Song zu ersticken.
Deswegen unser Motto: Gute Videos dürfen die Musik nicht stören.«[2] Hier sind *Tic Tac Toe* bei den Dreharbeiten zu ihren Videos also in allerbesten Händen. Und das bedeutet nun Fahrt zum Videodreh nach Wien. Sie sind dabei wie immer aufgeregt, einen Clip zu produzieren, das bedeutet schließlich nichts anderes, als einen kleinen Spielfilm zu drehen. *Lee, Ricky* und *Jazzy* müssen also auch schauspielerische Qualitäten beweisen. Und das tun sie auch. Ziemlich souverän gehen sie an die Filmarbeit.

Männermordende Friseusen

Das große DoRo-Team gibt sich wie immer größte Mühe, und ein Mitarbeiter schwärmt: »Die Mädels sind klasse. Total umkompliziert und natürlich, das macht Spaß, mit denen zu arbeiten. Die sind auch kein bißchen zickig, was gerade bei Newcomern nach den ersten Hits oft der Fall ist. Da steigt denen der plötzliche Erfolg zu Kopf, und dann sollen sofort alle nach deren Pfeife tanzen. Das ist bei *Tic Tac Toe* nun gar nicht so.« Der Clip zu »Funky« erzählt dabei die kurzweilige Geschichte von drei Friseusen, die sich pünktlich zum Feierabend in lebenslustige Power-Weiber verwandeln und sich dann die Boys zum Spaß heranholen. Im Clip wird daher zum peitschenden Rhythmus rasiert und geschnitten, werden Köpfe mit Lockenwicklern und

Spray bearbeitet, gibt es jede Menge Atmosphäre aus dem kleinen Vorstadt-Frisiersalon – und dazu jede Menge puren Hip Hop in diesem Friseurgeschäft als Soundtrack zu diesem Job. John, Sergio und Michael dürfen in diesem Film an die Girls ganz nahe ran, die drei handverlesenen knackigen Jungs tanzen mit *Lee, Ricky* und *Jazzy* schließlich um die Wette, lassen gemeinsam mit den Girls die Hüften kreisen.

»Diesmal machen wir die Jungs nicht nieder, sondern scharf«

Denn als die Uhr den Feierabend um sechs meldet, da wird aus den drei Haarkünstlerinnen ein temperamentvolles Hip Hop-Team, beseelt von nur noch einem Gedanken: Tanzen – Tanzen – Tanzen – Boys – Boys – Boys. Die Kunden werden unsanft vor die Tür gesetzt und rausgeekelt, die Girls haben nur noch Augen für ihre schönen Superboys, und die müssen nun ran und mitmachen. Und die heißen Reime umschwirren die Bizeps und Bodies der knackigen Kerle! Ein äußerst witziges Video aus dem Haarmilieu. Und ein Refrain, der Deutschlands Sittenwächter zusammenzucken läßt: »Und jetzt sitz' ich auf seinem Schoß – und kleine Träume werden groß.« Nur wenige Beats weiter ist der Traum schon riesengroß. Und da fühlen sie sich auch noch »funky«. Erotische Posen, kreisende Hüften, Berührungen, Ahnungen, Gesten. Der Film ist voll mit der Erotik der drei jungen Künstlerinnen, alles ist ziemlich scharf.
Und nach den Dreharbeiten meint *Lee* in Wien abschließend entspannt und ziemlich locker in Anspielung auf ihren ersten Hit: »Diesmal machen wir die Jungs nicht nieder, sondern scharf, entsprechend sexy sind auch unsere Glamour-Outfits!«[3]

Dauerhaft sind *Tic Tac Toe* nun in den Hitparaden präsent; als deren erstes Album erscheint, gibt es natürlich auch einige Gehässigkeiten zu hören, denn dieser Erfolg ist vielen nun auch wieder suspekt. Arno Frank Eser gehört zu den Zweiflern. In der Münchener *Abendzeitung* poltert das Südlicht gegen die drei ihm wohl mißliebigen Künstlerinnen recht grob, undifferenziert und reichlich unkundig: »*Tic Tac Toe* können weder musizieren noch singen, haben darüber hinaus auch nicht das ultraneue Girlie-Image erfunden, und ihre Texte sind auch nicht gerade der Weisheit letzter Schluß ... Sogar die Radiostationen haben auf einmal kein Problem mehr damit, Titel mit Tabu-Worten ins Programm zu nehmen ... Ob *Tic Tac Toe* aber im Wahnsinns-Karussell des Erfolgszwangs bestehen können oder rausfliegen, wird die Zukunft weisen. Weil's für dauerhaften Erfolg halt mehr als Scheiße braucht.«[4]

Die Münchener »Abendzeitung« poltert, die Karawane zieht weiter

Der bajuwarische Redaktionsexperte für Scheiße-Fragen muß es wohl wissen, zumindest in das neue Album hätte er zum Zeitpunkt seiner Kritik allerdings mal hören sollen, das hätte seine Vorurteile gegen *Jazzy, Ricky* und *Lee* doch vielleicht etwas mildern können. Aber von solchen Kritikern ist die Band ohnehin in keinster Weise abhängig, Hits werden heutzutage über das Fernsehen gemacht – und das steht hauptsächlich in Gestalt von *VIVA* total hinter diesen Mädels. Und nun geht es Schlag auf Schlag. Donnernd kommen die Hits vom Album und beleben Deutschlands Single-Charts, ein Song nach dem andern sorgt für größere und kleinere Beben und Debatten. Die Teenie-Presse feiert derweil die Mädels in jeder nur denkbaren Form. *Ricky* wird

Tic Tac Toe bei »40 Jahre Bravo« (© action press, Hamburg)

Bei »40 Jahre Bravo« (© teutopress, Bielefeld)

invicta
invicta

Oben: »RSH-Gold '96« (© PPW/Herwig, Berlin)
Unten: Bei »40 Jahre Bravo« (© action press, Hamburg)

Beim »Saarbrückener Schülerferien-Festival« (© Fotex, Hamburg)

Oben: »RSH-Gold '96« (© PPW/Herwig, Berlin)
Unten: »SAT 1 ran-World« (© teutopress, Bielefeld)

Beide Fotos: »Kunstpark-Ost« in München (© JAT-Photo, München)

»Saarbrücker Schülerferien-Festival« (© Fotex, Hamburg)

bei einer Fotosession von *Bravo* in eine knappe Bayern-Lederhose gesteckt, was der undankbaren *Abendzeitung* wohl auch wieder nicht gefallen haben dürfte. Da ist gerade die Single »Leck mich am A, B, Zeh« erschienen, und *Ricky* ruft den Münchnern keß in ihren knappen Lederhosen mit dem Sexy-Po zu: »Mit dieser ›Seppl-Hose‹ könnte ich glatt im Musikantenstadl auftreten«[5]. Diese Äußerung dürfte den Fans der Volksmusik wie eine Drohung erschienen sein, sie werden da so manches Vaterunser gebetet haben, damit diese sexy Girls sie doch bitte in Frieden lassen und nicht in Versuchung führen. Das Thema des Songs kennt inzwischen aber auch der durchschnittliche Alpen-Sepp und jeder Jodel-Fan. Es geht um das inzwischen schon altbekannte Drama im Aids-Zeitalter, um Verhütung des derzeit denkbar größten Übels beim Geschlechtsverkehr. *Tic Tac Toe* singen: »Denn zieht sich jetzt dein Pillermann nicht sofort einen Gummi an, sag' ich dir klipp und klar, dann bin ich nicht mehr da.«

Schon wenig später heißt der nächste Song »Verpiß dich«, auch er ist randvoll mit sich reimendem Klartext: »Du hast mich verletzt, meine Träume zerfetzt, und jetzt kommst du daher mit som blöden Geschwätz, verpiß dich, ich weiß genau, ich vermiss' dich.« *Ricky* erzählt, worum es hier geht: »In der Nummer geht es um ein Mädchen, das von ihrem Freund betrogen wurde. Sie läßt voll ihren Frust über den Typen raus, obwohl ihr Herz noch an ihm hängt.«[6] Und *Lee* ergänzt: »Liebeskummer, das ist ein Thema, bei dem jeder mitfühlen kann, deswegen kommt der Song auch so gut an.«[7] Diese inhaltliche Mischung stimmt und kommt gut an. Und das DoRO-Team inszeniert die Pop-Perlen des Trios perfekt, beispielsweise »Verpiß dich« gibt es wegen seiner melancholischen Stimmung nur in Schwarzweiß zu sehen. Hannes Rocher erläutert dazu im *Tic Tac Toe*-Kaufvideo »...frei nach Schnauze« (siehe auch das Kapitel

»Discographie & Daten!) seine persönliche Herangehensweise bei der Arbeit an dem Clip: »›Verpiß dich‹ ist ein Lied, das sehr starke Emotionen rüberbringt, und das haben wir versucht, ins Visuelle umzusetzen.« Was enorm gekonnt gelungen ist. Slow-Motion-Bilder, verzweifelte Gesichter, *Jazzy, Lee* und *Ricky* zwischen Autos im Regen, ein schwarzer Blues-Typ mit E-Gitarre und Marshall-Verstärker liefert kantige Rock-Fetzen – einfach klasse und sehr beeindrukkend. Das Video zu »Leck mich am A, B, Zeh« hingegen betreibt äußerst offensiv Werbung für Safer-Sex, auch hier fiel den DoRos natürlich viel dazu ein. Die Story wird im Film so erzählt, daß sich die blonde Rapperin *Lee* in einen Jungen namens Kevin verliebt, einen attraktiven jungen Mann, der bei einem Auftritt des Trios direkt vor ihr herumtanzt, sie auch an der Bar anmacht. *Lee* steigt in zärtliche Phantasien ein, es gibt Berührungen, Vorspiel, das Finale wird klar.

Plötzlich gibt es handfesten Krach im siebten Video-Himmel, denn Lover Kevin ist ein Gummimuffel, er will es doch tatsächlich ohne treiben. Streit und Geschubse, *Lee* will nicht mehr, obwohl sie hier ausnahmsweise mal auf einen One-night-Stand Bock gehabt hätte. Aber so nicht, schon gar nicht mit der unheimlich-weiblichen *Tic Tac Toe*-Bande, ohne Gummi läuft da nichts. Nun wird das Ganze für den armen Kevin zum Alptraum (Kevin in »...frei nach Schnauze«: »Ich spiel' in dem Film das Arschloch!«), denn eine wildgewordene Horde junger Mädchen jagt den Verdorbenen und Unbelehrbaren. Er bekommt schließlich die gerechte Strafe: Genüßlich ziehen die Mädchen ihrem Opfer am Ende der Hasenjagd ein strammes Ganzkörper-Kondom über. Nun liegt er wehrlos verpackt vor den zufriedenen Frauen – kehren nun die Amazonen zurück? Denn schließlich tönen *Tic Tac Toe,* daß dieser Film allen Anti-Kondom-Typen gefälligst eine Lehre sein soll. Doch so hart sind sie ja schließlich nicht immer, mit dem Aids-Thema kann man sich sowieso jeden Abend und jede Party verderben. Aber recht haben sie, Vorbeugen und Schützen ist das Gebot der Stunde.

Während im Süden, wie bereits erwähnt, sich einige Zeitgenossen eher irritiert über *Tic Tac Toe* zeigen, blickt ein Nordlicht durch. So schreibt Dirk Schulze in der eher kleinen, aber feinen *Bergedorfer Zeitung* – Bergedorf liegt am Stadtrand von Hamburg – voller Sympathie über dieses deutsche Pop-Wunder: »Wer sich nicht an den diversen Kraftausdrücken stört, empfindet beim Genuß der harten Rhythmen und frechen Zeilen durchaus eine diebische Freude. Die Texte von ›T. Börger‹ sind voller Witz, Ironie und Sarkasmus. Und – angesichts der Wortwahl kaum zu glauben – auch das Gefühl kommt nicht zu kurz.«[8]

»Klar wollen wir mit unseren Texten provozieren, es macht uns einfach großen Spaß, die Dinge beim Namen zu nennen. Mit ›Emanzen-Rap‹ hat das Ganze nun wirklich nichts zu tun, wir werden echt sauer, sollte uns jemand in diese Schublade schieben«[9], meinen *Lee* und *Jazzy*. *Ricky* sieht dies genauso: »Wir wollen einfach so lange wie möglich zusammen Musik machen und Spaß haben.«[10] Sollen sie doch, wer will sie daran überhaupt noch hindern? Und mit etlichen Playback-Konzerten mischen sie sich nun direkt unters Volk, wobei sie auch gute Möglichkeiten bekommen, mit ihren Fans zu reden und ihre Botschaften unters Volk zu bringen.

»Funky« etwa wurde live erstmals im Berliner »Metropol« vorgestellt, zusammen mit anderen Titeln. Ergebnis: Ein begeistertes Publikum und eine entsprechende lokale und überregionale Presse. Und den Fans wird klipp und klar gesagt, was die drei Pop-Mädchen wichtig finden, Aufklärung mit *Tic Tac Toes Jazzy:* »Ungeschützten Sex zu machen ist wegen Aids russisches Roulett – wer so was macht, ist selber schuld und ziemlich blöd, mit uns jedenfalls ist das nicht zu machen.«[11] Kein Gummi, kein Sex, lautet das Motto der Gruppe. In Jugendzeitschriften werden sie fast schon wie Sexualberaterinnen gehandelt, ihr Rat, auch als jeweilige ›Sexpertin‹, ist gefragt. Nun merken sie, was sich wirklich geändert hat, Pop-Stars werden wie Übermenschen angesehen. Von ihnen erwarten die einfachen Fans Ratschläge zu allen Lebenslagen, von *Tic Tac Toe* erwarten alle Mädels klare Antworten auf Fragen zu den Themen wie Sex, Liebe und Partnerschaft. Das bedeutet Verantwortung, darüber wird nun häufiger von den mittlerweile dicken Freundinnen gesprochen. Jetzt sind ihre Ansichten nicht mehr ihre reine Privatsache, jetzt schaut ganz Deutschland diesen frechen und noch ziemlich jungen Weibern aufs Maul.

Und wer besonders jung und Fan ist, der will von *Tic Tac Toe* Hinweise für das weitere Leben, für den sind *Ricky, Jazzy* und *Lee* der Kompaß fürs eigene Leben. Daß deren Privatleben unter dem Starrummel längst zu leiden anfängt, das bekommen die Fans gar nicht mit, denn Göttinnen geht es doch immer gut, meint das gemeine Volk – und irrt dabei nicht selten. Denn auch bei unseren drei Heldinnen dieses Buches gibt es eine ungeschützte Privatheit, in der sich alle Probleme des Normalbürgers wiederfinden: die Suche nach dem richtigen Partner, Beziehungsstreß, Unklarheiten, Ängste, Ermüdungserscheinungen, Zweifel. Sie sind also durchaus immer noch ganz normale Mädchen, die sich nun in der neuen Welt zurechtfinden, weil sie sich schließlich zurechtfinden müssen. Nichts ist mehr, wie es gestern noch war. *Jazzy* über die verschworene Gemeinschaft, die *Tic Tac Toe* wie aus dem Nichts und quasi über Nacht wurden, die eben auch ihre Krisen zu bewältigen hat: »Wir sind inzwischen eher wie Schwestern. Und da wir beruflich dauernd zusammen sein müssen, gibt es schon Tage, an denen mir die anderen ganz schön auf die Nerven gehen. Aber, nee Quatsch, wir verstehen uns schon super.«[12]

Und im »...frei nach Schnauze«-Video meint *Jazzy* dazu noch: »Wir drei gegen den Rest der Welt!« Was sie noch mit einer weiteren Erklärung und einem Einblick in ihre Privatwelt konkret ergänzt: »Ich bin immer noch faul, unordentlich und sensibel. Da hat sich wenig geändert. Ansonsten ist aber alles anders geworden, man ist nur noch privat, wenn man die Tür zumacht. Sobald man rausgeht, hat man kein Privatleben mehr, da wirst du sofort angesprochen, und alle gucken dir hinterher. Nur zu Hause bin ich noch die Marlene, da gibt es noch die Mama und die Tochter, sonst nicht mehr.« Das schwierige Problem des Erwachsenwerdens, für Pop-Stars noch viel schwieriger.

»Verpiß dich« – der wichtigste Song für Ricky, Jazzy und Lee

Wer nun auch mal genauer hinhört, der bemerkt nach der ersten großen Erfolgswelle ganz deutlich, daß da die knallharten Girls, die anfangs nur so mit verbaler »Scheiße« um sich warfen, auch zwischendurch deutlich sanftere Töne anschlagen. Das Thema Trennungsschmerz läßt da einen kleinen Einblick in das Seelenleben von *Ricky, Jazzy* und *Lee* zu. Zum Song »Verpiß dich« erklären sie in Gesprächen, daß das ihr bisher wichtigster Song sei, deshalb wurde er auch als letzter aus dem Album ausgekoppelt – als eine Art Ausrufezeichen. Power und Feeling attestieren sie sich selbst in diesem Herz-&-Schmerz-Song, sie appellieren dabei bewußt an alle, die diese Erfahrungen auch schon mal gemacht haben. In »... frei nach Schnauze« erklären sie dabei auch die radikalen Sprünge zwischen den Inhalten in ihren Songs. *Jazzy:* »Wir wollten mit *Scheiße* auch eine Brücke zwischen den Generationen bauen. Auf der einen Seite heißt es, das sagt man nicht, aber selbst die Kleinsten rufen schon mal in der Küche, wenn der Mama was vom Herd fällt und sie danebenstehen, ›Au Scheiße!‹ – Jetzt können die Eltern mal hören, wie wir sprechen, das ist die Sprache der Kids.« *Lee* ergänzt, daß daher »die Leute mit Vorurteilen an uns rangehen, das ist ein Fehler. Und selbst wer unsere Musik nicht mag, der soll sich doch wenigstens mal die Texte anhören.« Und *Lee* erläutert anschließend auch, welche Gefühle und Gedanken bei einem Song wie »Verpiß dich« eine Rolle spielten: »Das ist dieses Gefühl, wo du denkst, du kommst nicht mehr weiter, dir geht es dabei total schlecht, und die ganze Welt steht still.« Wie sang doch früher mal eine berühmte deutsche Schlagersängerin mit vergeblichem Appell: »Liebeskummer lohnt sich nicht, my Darling, schade um die Tränen in der Nacht...«. Aber gegen den Bruch einer Liebesbeziehung ist noch immer kein Kraut gewachsen, vor Liebeskummer schützt höchstens die totale Einsamkeit, der Rückzug in die Einsamkeit – aber wer will das schon?!

Dunkle Augen, trauriger Blick, einfach unwiderstehlich

Und dann packt *Jazzy* schließlich aus, erzählt den Fans in Interviews nun auch schon mal ganz persönlich von ihrer ersten großen Liebe: »Der Typ hieß Peter. Ich lernte ihn in einem Club in Dortmund kennen, wo ich damals als Tänzerin jobbte. Er hatte dunkle Augen und so 'nen traurigen Blick drauf – einfach unwiderstehlich. Es funkte gleich zwischen uns, und ich wäre am liebsten sofort mit ihm ins Bett gegangen, obwohl es für mich das erste Mal gewesen wäre. Aber ich wartete, weil ich mit ihm auf keinen Fall einen miesen One-night-Stand erleben wollte. Wir sahen uns fast täglich. Es war wunderschön, wir machten Petting, und meine Liebe für ihn wurde immer heißer. Und er schwor, daß er nur mich liebt. Doch nach ein paar Wochen passierte es: Meine beste Freundin rief mich an und erzählte mir, sie habe ihn mit einer Tussi wild knutschend in einer Disco gesehen. Für mich brach eine Welt zusammen. Ich rief ihn an und raste vor Eifersucht. Am Schluß schrie ich unter Tränen: ›Verpiß dich!‹ Es zerriß mir fast das Herz dabei, aber es war der einzige richtige Satz.«[13]

Jazzy sagte es ihrem verkrachten Lover später übrigens noch ein zweites Mal voller Abscheu und Wut, schmiß ihm die harten und unversöhnlichen Worte nochmals an den Kopf, da kam er aber bereits reuig angekrochen und wollte eigentlich Vergebung und Versöhnung und wieder neue Liebe und Händchenhalten. *Jazzy* blieb aber knallhart, fühlte sich zwar ziemlich traurig, aber doch auch bärenstark. Und wieder brüllte sie ihm den späteren Songtitel zum Thema in die Ohren. Er trollte sich davon und probierte es nie wieder. Heute nun kann er seine Ex auf *VIVA* oder sogar bei *Harald Schmidt* in dessen Fernsehshow sehen, und die kann sich unter Lawinen von Fanpost ihren Lover bei Bedarf inzwischen einfach aussuchen. Doch Treue ist Trumpf bei diesem Trio, Liebe wollen sie nicht wie Konsum erleben, ex und hopp als Love-Prinzip ist ihnen zuwider. Das ändert auch die Fanpost nicht.

Auch *Ricky* hat eine ähnliche Erfahrung gemacht. Da war sie vierzehn Jahre alt und furchtbar verliebt. Doch da hat ihr Freund ebenfalls den unverzeihlichen Fehler gemacht und auf der Eislaufbahn eine andere geküßt. Auch er wurde beobachtet und prompt verpfiffen. *Ricky* machte sofort Schluß, wählte dabei aber weniger heftige Worte und singt heute »Verpiß dich« dennoch voller Überzeugung. Bei *Lee* schließlich war all das auch nicht viel anders, sie haben eben außergewöhnlich viele Gemeinsamkeiten, diese drei Pop-Stars aus dem Pott. Mit ihrer Jugendliebe Michael war sie immerhin gut zwei Jahre zusammen, eine kleine Streß-Unterbrechung von zwei Monaten mal ausgenommen. Doch diese Unterbrechung drehte sich bereits um eine Nebenbuhlerin, was ihm *Lee* letztendlich nie richtig verzeihen konnte, die Lunte war ans Dynamit gelegt. Auch sie machte schließlich demonstrativ Schluß, zumal sich ihr früherer Freund auch charakterlich etwas seltsam zeigte, gewährte er sich doch alle möglichen Freuden und Genüsse, während sie von ihm an die eher kurze Beziehungsleine gelegt wurde. Auch da gab es für *Lee* schlimme Stunden mit höllischen Gedanken, tief erlebtes Unglück und schließ-

lich den Befreiungsschlag. Sie schmiß den Kerl auf Nimmerwiedersehen raus, weil sie schließlich endlich genug hatte. Und dann fühlte sie sich besser.
Ähnlich wie ihnen muß es wohl sehr vielen schon gegangen sein, denn »Verpiß dich« marschierte schnurstracks in der Hitparade bis auf den ersten Platz hinauf. Wieder ein großer Erfolg für *Tic Tac Toe,* die nun ein Album-Act geworden sind und sich damit von all den kleinen Charts-Durchläufern mit den ein- bis zweimaligen Erfolgen deutlich unterscheiden. Ihre Themen sprechen in ihrer unnachahmlichen Art und Weise große Personenkreise an, die Kids fühlen sich bei *Tic Tac Toe* offenbar wie zu Hause. Sie reden offen über Probleme, die viele haben, kommen dabei auf den logischen Punkt. Etwa wenn *Lee* mal wieder über die Liebe im Zeichen von Aids spricht: »Es gibt Jungs, die behaupten: ›Ich kann kein Aids kriegen, da ich nur mit Jungfrauen geschlafen habe.‹ Da krieg' ich doch 'nen Knall! Man kann Aids sogar durch Petting kriegen, wenn man sich nicht schützt, oder es sonstwoher bekommen. Ich steh' daher total auf den Song ›Leck mich am A, B, Zeh‹, weil wir darin mit richtig geiler Frauenpower rappen.«[14]
Doch auch zu ganz anderen Themen haben sie Überraschendes mitzuteilen. Vieles hat sich in der deutschen Rap- und Hip Hop-Szene zu alten Macker-Krankheiten zurückentwickelt. Der Mann muß kernig sein und bloß nicht schwul. So simpel und doof denken viele. *Tic Tac Toe* sind dies zu viele, sie haben kein Verständnis für die Ausgrenzung und die Respektlosigkeit gegenüber anderen Menschen, nur weil bei denen irgend etwas »anders« ist.

So entstand der Song »Du hast den Schönsten«, den viele zuerst komplett mißverstanden, dachten sie sich den entsprechenden Mann dabei doch nur von vorne. Es war aber der schönste Hintern in der Stadt gemeint, und damit auch eine Anspielung an allzu schöne schwule Jungs. *Lee* erklärt, was die Gruppe in diesem Song sagen wollte: »Wir wollten mit diesem Song auch ausdrücken, daß es doch egal ist, ob du schwarz bist oder weiß, Moslem, Christ oder Kommunist, schwul oder nicht, du mußt auf jeden Fall als Mensch in Ordnung sein. Die Leute sollen kapieren, daß Homosexualität nichts Anormales ist. Wir haben einen Haufen Freunde, die sind schwul und total nett und okay!«[15] *Tic Tac Toe* können tatsächlich viel Aufklärung leisten, auch wenn das ganze Leben eigentlich erst noch vor ihnen liegt und sie noch viele Erfahrungen vor sich und noch nicht hinter sich haben.

Und sie werden auch immer vielseitiger in der musikalischen Präsentation. Einseitigkeit liegt ihnen also generell nicht, natürlich schon gar nicht als persönliche Einstellung, als idiotische Gesinnung mit den kleinen Karos im Hirn. Musikalisch drückt sich dies in einem bunten stilistischen Mix aus: von der rührenden Rap-Ballade (»Verpiß dich«), begleitet von Streichern und melancholischer Gitarre, über die Heavy-Gitarren bis hin zu allem, was heute Dancefloor weitgehend ausmacht, also Funk-Rhythmen, synthetische schnelle Beats, minimalisierte Instrumentalistik, die den Stakkato-Gesang nur zu unterstützen und zu verdeutlichen hat. Auch Drum & Bass oder TripHop-Einflüsse werden in den Mix hineingeholt. Das bringt *Tic Tac Toe* nicht nur in die offiziellen Charts von Media Control, dem alles überwachenden Zentralorgan des deutschen Schallplattenhandels, sondern auch in die öffentliche Meinung, in die Discos und Szenebars, ins Fernsehen und den nachziehenden Rundfunk sowieso, aber auch per Poster in die Kinderzimmer, per Walkmen auf die Schulhöfe oder in die sonstigen Orte mit Taperecordern.

Im Hexenkessel der Karstadt-Musikabteilung

Als *Tic Tac Toe* im Sommer '96 zur Autogrammstunde bei Karstadt in die Musikabteilung einlaufen, kommt es zu tumultartigen Szenen. Kaufhäuser sind nun einmal keine Pop-Arenen oder Musikklubs. *Ricky, Jazzy* und *Lee* sind total erstaunt. Eine Riesenmenge von Fans reicht den drei Mädchen so ziemlich alles entgegen, worauf man überhaupt nur den eigenen Namen als Autogramm hinterlassen kann: T-Shirts, Kalender, Postkarten, Plattenhüllen, Notizblöcke, Fotografien, nackte Oberarme oder Beine. Es gibt Geschrei und Sprechchöre, die Verkäufer flitzen wie die bekannten Börsianer hin und her, alles ist nervös, alles ist angespannt, alles wird gut. Jeder bekommt sein Autogramm, den Fans passiert im Gedränge nichts, Schäden entstehen auch keine nennenswerten. Doch bei den drei Pop-Mädchen hinterläßt der Ansturm seine Spuren. Sie bekommen sogar Angstgefühle und Beklemmungen, *Ricky* fragt sich, was denn diese Horde plötzlich von ihr will. In »...frei nach Schnauze« geben *Tic Tac Toe* zu Protokoll, »daß sie froh waren, als sie den Laden wieder verlassen konnten, denn sonst hätten wir vielleicht noch etwas getan, was wir später bereut hätten«. Besonders *Lee* bekundet darin ihre Abneigung gegen solche Zudringlichkeiten der Fans, befürchtet, daß man ihr die Kleider vom Leib reißt.
Auch die Managerin ist völlig überrascht, niemand habe mit solch einer Massenhysterie gerechnet: »Das gibt es doch normalerweise nur bei den Boygroups.« Nein, jetzt

auch bei Girlgroups. Die Beliebtheit der Gruppe wird so nochmals deutlich nachgewiesen, aber wer hätte an ihr noch Zweifel gehabt? Nach solchen nervenzerreißenden Auftritten freut sich dann eine schon wieder auf ein ganz besonderes Hobby. *Jazzy* liebt es, lange und ausgiebig zu schlafen, manchmal spricht sie dabei schon von »Schlafsucht«[16]. Doch als verschlafen und schlapp will sie nicht gelten, deshalb beweist sie sich und anderen auch gerne mal ihren Mut. Mit Bungeejumping – auch eine wunderbare Ablenkung von solch unruhigen Promotion-Terminen: »Damit habe ich mich selbst beeindruckt. Ich habe nie gedacht, daß ich es wirklich mache!«[17]

Jazzy, der ein Freund zur Überraschung mal ein ganzes Zimmer mit bunten Luftballons anfüllte, hat bei all dem Jubel und dem Trubel der Fans ihre Anfänge bis heute nicht vergessen. Nicht nur, daß alle Pop-Stars auch mal klein begonnen hätten, jede Karriere ist auch von Pleiten, Pech und Pannen begleitet. Wer zuletzt lacht, lacht darüber am besten, besonders dann, wenn man es selber ist, der da lacht. *Jazzy:* »Bei einem Tanzauftritt bin ich mal von der Bühne gefallen.«[18] Und jetzt fiel sie vor gar nicht langer Zeit buchstäblich auf die Bühne hinauf und anschließend ihrer Managerin in die Arme. Was soll da denn zukünftig noch schiefgehen ...?

6. Melanie, das Leben, der Bauernhof

»Das ist für mich die schlimmste Gefahr, daß die Leute nicht kapieren, daß alle zusammenhalten müssen.«[1]

Liane *»Lee«* Wiegelmann

Aber das Leben geht auch nach den Anfangserfolgen eines ersten Albums weiter. Nur nicht das Leben von Melanie. In einem Clip zu einer neuen Single namens »Warum?« rappen sich *Tic Tac Toe* voll innerer Anteilnahme durch die Geschichte vom Lebensende einer Drogensüchtigen. Die Bilder aus dem Clip rühren Millionen von Zuschauern, Tränen fließen, diese Erzählung wirkt hautnah und echt. Und das ist auch kein Wunder. Fast jeden Tag können wir in den Tageszeitungen Geschichten über Drogentote, über Festnahmen von Drogenhändlern und sogar Mutmaßungen über die Teilhabe ganzer Regierungen am lukrativen fiesen internationalen Drogengeschäft lesen. Geschichten über den Junky von nebenan sind in Großstädten keine Seltenheit; Stories über den Tod in irgendwelchen Bahnhofstoiletten, und auch der langjährige Bestseller »Wir Kinder vom Bahnhof Zoo« von Kai Hermann und Horst Rieck über die dadurch berühmt gewordenen Christiane F. sind allen hinlänglich bekannt. Doch ändert sich wirklich etwas an dieser Problematik? Wird das Problem nicht andauernd hin- und hergeschoben, ohne daß man den Betroffenen wirklich aus dieser Hölle heraushilft?! In den nördlichen Bundesländern Schleswig-Holstein und Hamburg will man inzwischen die Legalisierung probieren, um die Junkies aus den Kloaken der Städte und der fatalen Abhängigkeit von den eiskalten Dealern zu befreien.

Doch da wird endlos diskutiert, kaum etwas passiert. So kommt das *Tic Tac Toe*-Video mit dem »Warum?«-Song zum Jahreswechsel '96/'97 zu keinem schlechten Zeitpunkt. Hintergrund ist eine sehr persönliche Erfahrung von *Lee*, die über den plötzlichen Tod ihrer Freundin Melanie bis heute nicht hinweggekommen ist. Diese Geschichte ist also ganz aus dem wirklichen Leben, deshalb macht sie auch alle zutiefst betroffen, denn das ist kein gewöhnliches Video. Nebenher zeigen *Tic Tac Toe* darin erstmals eine gewisse Reife, zeigen, daß sie keine dumme Teenie-Band sind, die nur in den Clips herumzappelt, Kohle abzockt und sich ansonsten um nichts kümmert. Dieser Film macht auch dem letzten Zuschauer klar, daß man es hier mit einer letztlich sogar anspruchsvollen Gruppe zu tun bekommt, die ihren Weg konsequent geht – ohne dabei in Oberflächlichkeiten zu versinken. Schauen wir uns also den Clip mal an.

Zuschauer auf der Intensivstation

Für den Streifen wird die 18jährige Sandra engagiert, sie spielt *Lees* ehemalige Freundin Melanie, deren dramatische Geschichte in bewegenden Bildern gezeigt wird. Dieser Film zeigt Tod und Leid, letzte Gefühle und überlebensgroß gewordene Trauer. Das rothaarige, schlanke Mädchen zittert in diesen Bilden mit ihrer Hand beim Todeskampf, sie will ihrer Drogensucht ein Ende setzen und selbst Schluß machen. Der Zuschauer muß nun hinein in die Intensivstation, echte Ärzte wurden dafür engagiert. Sie erzählen in dem Videofilm »...frei nach Schnauze« am Rande der Dreharbeiten, wie es in der Wirklichkeit zugeht: »Da ist das genauso, da versuchen wir die Leute mit Herzstillstand ins Leben zurückzuholen. Und manchmal gelingt das und manchmal nicht.« Hier gelingt es nicht. Ein ju-

gendlicher und noch zarter Körper bäumt sich unter der Wucht der Elektroschocks wie wütend mehrfach auf, das sterbende Herz bekommt die Wucht dieser Elektroschläge zu spüren, doch es springt nicht mehr an, fängt nicht mehr an, wie ein Motor zu laufen, denn die Trauer und die Angst vorm Leben geben ihm keinen Saft mehr.
Die Seele von Melanie fliegt davon, flieht voller Enttäuschung und groß erlebtem Leiden, flieht vor dem Leben, welches eigentlich gerade mal eben begonnen hatte. Im Film ist dieser Todeskampf in bewegenden Bildern zu sehen, mit den vor Panik weit aufgerissenen Augen, dem irre werdenden Blick, dem Zurücksinken auf das letzte warme Bett in diesem Leben, den Blutflecken und den zahllosen Nadelstichen auf den Armen – die Visitenkarte eines jeden Drogensüchtigen. Extra für den Film wurden der Melanie-Darstellerin die Adern dick auf der Haut nachgezeichnet, denn jeder Junky hat meist dick hervorgetretene Adern auf der Haut, diese rufen nach der Droge, quellen vor lauter Sucht hervor, wollen den nächsten schmerzhaften Einstich einer Nadel – und den darauffolgenden Flash, wenn die Droge wirkt und das ganze Leben für wenige Minuten zu einem riesengroßen, rosaroten Wattebausch wird. Mit rotem Stift schreibt Melanie letzte Worte vor der großen Bewußtlosigkeit nach dem goldenen Schuß, der gewollten Überdosis Heroin: »Für *Lee*...«.

»Warum?
Nur für den Kick für den Augenblick?
Und warum?
Nur für ein Stück von dem falschen Glück?
Und warum?
Du kommst nie mehr zurück!
Komm zurück!«

Der Song ist voller Verzweiflung geschrieben. Das Mädchen stirbt an einer Überdosis Heroin – und an der großen, aber

unerfüllten Liebe. Im Film warten die Mädchen mit verzweifelten Gesichtern im Korridor eines anonymen Krankenhauses, müssen gewaltsam von den Krankenschwestern davon abgehalten werden, nun einfach in den OP zu laufen.
Sie warten auf die Nachricht, hoffen noch in dieser Klinik, die diese seltsame kühle Ausstrahlung hat wie wohl alle Krankenhäuser dieser Welt. Drei Ärzte sind drinnen mit dem Tod beschäftigt, bekämpfen ihn mit allen ihren Mitteln, ihren Instrumenten, ihrer Technik und ihrem Wissen von der Beschaffenheit des menschlichen Körpers. Doch in Melanies Körper ist das todbringende Heroin schon lange in der Blutbahn. Der Teufel lacht. Angst und Entsetzen. Und die zentrale Frage: Warum? *Lee, Ricky* und *Jazzy* verzweifeln und sind wütend. Eine Krankenschwester überbringt die schreckliche Nachricht, und *Lee* bricht dabei in Tränen aus, ruft den Song-Text (wie oben bereits erwähnt) in die eiskalte Welt. Szenen auf einem Acker folgen, Melanies letzte Stätte im Clip. *Lee* wirft vor lauter Wut mit Steinen, greift sie sich aus dem aufgewühlten Erdboden heraus, schmeißt sie in die weite Leere, wütend und zutiefst traurig. Vor einem Holzkreuz stehen *Tic Tac Toe,* immer weiter wird »Warum?« gefragt, alles wirkt entsetzlich sinnlos.
Gedreht wurde das Ganze wieder bei den Wiener Freunden von DoRo, Drehort war ein Wiener Krankenhaus und ein Feld hinter dem Wiener Flughafen. In drei Tagen wurde dieser Clip realisiert, in dem das Leben und Sterben eines drogensüchtigen Mädchens geschildert wird. Und wie kam es zu diesem ungewöhnlichen Einfall? *Lee* erzählt: »Es ist eine authentische Geschichte, die ich vor einigen Jahren selbst erlebt habe. Meine Freundin Melanie war drogensüchtig, 1994 hat sie sich das Leben genommen.«[2] Nur drei Jahre vorher hatten sich die beiden beim Tanzen in einer Disco in Dortmund kennengelernt. Mehr als zwei Jahre intensiver Freundschaft folgten, sie waren dicke Freundin-

nen, keiner konnte sie auseinanderbringen. Das konnte schließlich nur der Tod.
Als Zeichen ihrer Unzertrennlichkeit trugen sie beide jeweils einen Ring mit einem grünen Turmalinstein an den Händen. Nach dem Tod von Melanie zog *Lee* sich ihren Ring ebenfalls über einen Finger, was auch im Film als Szene gezeigt wird. Eigentlich will sie den Ring nun im stillen Gedenken für immer tragen, doch das bringt sie schließlich doch nicht fertig. Melanies Ring wird an ihrer Hand so schwer, daß sie ihn schließlich wieder abstreift und ihn in die Ruhr zur ewigen Ruhe hineinwirft. So versinkt das letzte Stück einer tiefen Freundschaft in den kalten Fluten des Flusses. Nur die Erinnerungen bleiben. Diese rein physische Erinnerung an den Schmerz in Gestalt des Ringes hat sie einfach nicht mehr ertragen. Das Ende der Freundschaft war einfach zu dramatisch.

Melanies wahre Geschichte

Melanie verliebte sich 1993 in einen hübschen Jungen, das war die berühmte große Liebe. Melanie erzählte damals alles ihrer Freundin, wie verliebt sie sei, wie schön das alles mit ihm sei ... Doch dann kam das plötzliche und überraschend schnelle Ende dieser Beziehung, der Mann ihrer Träume ließ sie abblitzen und ging. Den Schock verkraftete Melanie nicht, wie *Lee* berichtet: »Danach ist Melanie total abgedreht. Sie warf sich einem älteren, echt üblen Typen einfach so an den Hals. Er nahm Drogen und brachte meine Freundin auch voll drauf. Ich merkte ziemlich schnell, wie es immer mehr bergab ging mit ihr. Sie hatte so tote Augen und war immer irgendwie abwesend. Der Typ schickte sie sogar auf den Strich. Ich bettelte sie förmlich an, mit ihrem Scheißdealer endlich Schluß zu machen.

Doch sie ließ mich abblitzen und meinte nur: ›Davon verstehst du nichts! Er gibt mir meinen Kick. Und das ist alles, was ich will.‹ Da merkte ich, daß diese Scheißdrogen Melanie total verändert hatten!«[3] Arme, arme Melanie. Doch *Lee* ist sich heute noch nicht sicher, ob sie nicht doch Schlimmeres hätte verhindern können.

Sie zog sich mutlos von ihrer Freundin zurück, verlor die Hoffnung, ihr helfen zu können. Das bereut sie heute. »Ich hätte härter mit ihr umgehen müssen. Hätte ich ihr damals bloß gesagt, daß sie mir total wehtut mit all der Scheiße, die sie anstellt. Erst kurz vor ihrem Tod rief mich Melanie an und bat mich um Verzeihung. Sie sagte: ›*Lee*, ich liebe dich – du hattest total recht mit allem, was du gesagt hast...!‹«[4] Nur zwei Tage später war Melanie tot. Erhängt. Doch dieses grausame Ende bleibt den Betrachtern des Videos erspart, dort griff man zu der in diesem Sektor wesentlich häufigeren Todesursache in Form einer Überdosis des gemeinen Heroin-Giftes. Im wahren Leben nahm sich Melanie dagegen einen Strick, ging in eine Garage und erhängte sich. Zwei Tage nach diesem Telefonat.

Lee wird vermutlich ein ganzes Leben daran denken, sich vielleicht noch lange Vorwürfe machen. Aber wer weiß schon, wie man in solchen Situationen richtig handelt.

Und Süchtige können in der Regel nur willensstarke Profis von den Drogen befreien, oft geht dies sogar nur noch unter ärztlicher Aufsicht. Also sollte sie sich doch keine zu großen Vorwürfe machen, kein Mensch kann alle Gewichte und Lasten dieser Welt immer ganz allein tragen. »Hätte ich doch...« – aber um so eindrucksvoller und eindringlicher warnen nun *Tic Tac Toe* konsequent alle Lebenden. In dem »... frei nach Schnauze«-Video, welches nicht nur den Melanie-Clip enthält, sondern auch noch ausführliche Berichte rund um die Dreharbeiten, beziehen die drei Mädchen ausführlich Stellung zum Thema Drogen. *Jazzy* etwa meint darin, daß »jeder einzelne Mensch etwas Besonderes ist, jeder ist so wichtig wie der andere auch.« Deshalb sollte man Achtung vorm eigenen und dem Leben anderer haben, »sich nicht einfach gehen lassen«, wie *Lee* meint. Und *Lee* warnt darin nochmals eindringlich vor dieser Standardsituation, die jedem Menschen passieren kann, und erinnert nochmals an den Werdegang von Melanie: »Meine Freundin ist an der großen Liebe zerbrochen. Über den Dealer ist sie da reingerutscht, wollte erst mal nur probieren.« Und – zack! – war sie abhängig, was ihr die Lust und die Freude am Leben nahm. So einfach und so schnell geht das.

Ricky warnt eindringlich vor den dummen Sprüchen in der Szene, wo man nicht dazugehört, wenn man in gewissen Kreisen nicht auch Drogen nimmt: »Es wird oft gesagt, daß wenn man keine Drogen nimmt, dann ist man auch nicht cool – das ist nicht wahr! Seht uns an, sind wir etwa nicht cool?!« Sie sind es. Und noch viel mehr. Und sie blicken durch. Wer etwa meint, Drogen seien irgendwie auch etwas Gesellschaftskritisches, sie würden gar Um- und Zustände ändern, dem verpaßt *Jazzy* die eindeutige Antwort: »Damit machst du dich nur selber kaputt. Da draußen tust du damit niemandem etwas an, nur dir selber. Du mußt entscheiden: Willst du leben oder nicht...?! Wobei es nichts Schrecklicheres als Designer-Drogen gibt, irgendwelche XTC-Pillen, wo du damit rechnen mußt, daß da auch mal Rattengift drin ist.«

Wer von den dreien die Abneigungen gegen die Krankheiten in der Szene hört, der wundert sich dann kaum noch darüber, daß sie seit Anfang ’96 über einen Bauernhof in Witten als Zufluchtort verfügen. Hauptsächlich *Jazzy* hat sich hier angesiedelt, hier zwischen Kuhställen und Kuhfladen. Auch ein Trecker steht noch in der Gegend herum, das alte Bauernmöbel-Mobiliar hat man vom Vormieter übernommen und bunt bemalt. Eine Idylle. *Ricky* erklärt die Landflucht so: »Leben auf dem Land ist absolut geil, hier kann man super abschalten und Kräfte sammeln.«[5] Hausherrin *Jazzy* sieht den Fluchtsort ebenfalls unter hauptsächlich kreativen Vorzeichen: »Wir sind in den letzten Wochen eigentlich nur unterwegs gewesen, haben dabei keine Fernsehsendung ausgelassen. Da ist es schon wichtig, hier auf unserem Bauernhof mal seine Ruhe zu haben und sich auf die nächsten Sachen vorzubereiten.[6] Hier hat man ländliches Idyll, viel Grün, viel Ruhe. Hier werden auch CDs abgehört, kann die Anlage mal voll aufgedreht werden. Auf neunzig Prozent der Zeit schätzen *Lee* und *Ricky* inzwischen den Anteil, den sie bei *Jazzy* auf dem Hof verbringen. Hier können sie gemeinsam ihre kleine »Fluchtburg« bewirtschaften, sich den Abwasch teilen, eine kleine heile Welt, weit weg von der harten und lauten Großstadt. Und dieser Ort hat sogar noch eine schrille kleine Besonderheit. *Jazzy:* »In der Nachbarwohnung wohnt ein Freund von uns, der einen Pizza-Service hat. Wenn wir Hunger haben, schleppt er uns das Zeug in Rekordschnelle an. Soviel Pizza und Nudeln wie hier haben wir in unserem ganzen Leben noch nicht gegessen!«[7] Es geht ihnen also gut.

7. Selbstbewußt in die Zukunft

»Mein schlimmstes Erlebnis in der Schule hatte ich in der 5. Klasse. Da haben mich meine Mitschüler fast ein Jahr lang nicht beachtet, weil ein Typ über mich unwahre Gerüchte verbreitet hat. Ich bin jeden Tag heulend nach Hause gelaufen.[1]

Lee

Die schlechte alte Zeit ist vorbei. Wer es an die Spitze der Charts und hinein in die Höhen der öffentlichen Meinung geschafft hat, wer mit *Harald Schmidt*s Hausband Sessions macht und von der Deutschen Schallplattenindustrie (in letztlich eigener Sache!) mit Preisen überhäuft wird, der kann die 5. Klasse glatt vergessen, die Schmähungen erst recht. »Seid ihr männerfeindlich – Seid ihr Girlies?« so lauten heute die Fragen, bei denen *Tic Tac Toe* das große Gähnen bekommen und sich gelangweilt zurücklehnen können. Die nächste Frage, bitte. Um so interessanter war da schon im Dezember 1996 ein Beitrag des *WDR*, gedreht von der Dokumentarfilmerin Gabriele Jenk. Darin gelang es der ambitionierten Filmerin, *Lee, Ricky* und *Jazzy* ganz privat und hinter all den Postern ins rechte Licht zu setzen. Sie fragt weniger sensationslüstern und pseudoentlarvend als so viele Kolleginnen und Kollegen. Die Kamera ist der wahre objektive Begleiter, der einfach draufhält und die Bilder und Stimmungen kommen läßt. *Jazzy* im Pferdestall, sie spricht abgeklärt über Parties und Jungs, beides braucht sie nicht »zu ihren Füßen«, das Leben ist eine Lust, und jede Lust ist eine Frage der richtigen Dosis. *Ricky* wird in der Badewanne interviewt: Kerzen am Wannenrand, alles wirkt

ganz intim und weihevoll. Doch was *Ricky* äußert, hat es in sich.
Das Einkaufen in deutschen Geschäften sei für eine schwarze Frau eigentlich gar kein Vergnügen, häufiger wurde sie nicht einmal bedient. Doch jetzt, als *Tic Tac Toe*-Star (wenn man sie denn erkennt), sei das ganz toll. Armes Deutschland, da lernen offenbar viele einfach nichts dazu. *Lee* hingegen äußert sich umringt von Stoff- und Knuddeltieren in ihrem Bett zu Fragen wie Aids und der Gummi-Vorsorge. Eine Dreiviertelstunde Germany und Ruhrpott mit *Tic Tac Toe*. Dem Feuilleton der *Frankfurter Rundschau* erscheint das tags darauf viel zu kurz, *Tic Tac Toe* machen süchtig, man bekommt Lust auf mehr. Ihre Natürlichkeit ist dabei einer der Hauptgründe, man erfährt viel über die Jugendkultur in den späten neunziger Jahren, und manch einer erfährt auch viel über sich selbst, wenn er ins Nachdenken bei den Songtexten und den Statements der Gruppe gerät. Unter der Überschrift »Einfühlsam« führt Gitta Düperthal von der *FR* in ihrer TV-Kritik aus: »Am Ende erscheint dies viel zu kurz: verkuschelt, albern, abgedreht, kitschig und dann plötzlich ganz bedächtig. Das freche, temporeiche Trio hoppst nicht von Hit zu Hit und präsentiert zwischendrin Sprüche. Die jungen Frauen mußten keine Show abziehen, um zu beweisen, wie hipp sie sind. Die Autorin hat sich zurückgenommen und ihren Interviewpartnerinnen Raum gelassen. Und die sprechen für sich und strafen jedes Klischee Lügen. Deshalb ist dies einer der schönsten deutschen Jugendfilme.«[2]
Grundlage für die Zukunft bildet das starke Team aus Produzent, Managerin und den drei Künstlerinnen. *Lee* meint dazu in »...frei nach Schnauze«: »Wir fünf sind alle total kreativ. Wir schmeißen unsere Energie zusammen, und dann kommt da was Bombiges dabei raus!« Und über die Arbeit an den kleinen Clip-Spielfilmen ergänzt sie: »Wir

haben Träume, wir haben Ziele, wir haben unser Leben. Alles wird diskutiert. Man merkt, wenn man eine Idee hat, ob sich die restlichen vier damit identifizieren können. Wenn ja, dann geht's gleich ins Studio.« Und alle fügen hinzu: »Börger ist für uns der Beste, Börger ist cool!« Man soll sich also nicht wundern, wenn sie ihrem hochgeschätzten Produzenten eines Tages mal einen Song widmen. Allgemein erhält die Gruppe ständig etliche Drehbücher, man geht dann die Konzepte gemeinsam durch, alles wird im Team intensiv diskutiert. *Lee:* »Das, was am besten auf uns zugeschnitten ist, wird genommen. Oder wir nehmen ein Konzept und ändern es in den Details – wir haben schon ein Mitspracherecht, wir sind keine Schubladen-Gören, wir sind keine Gööörlies!« Und da wird sie dann auch nachdenklich: »Wenn ich mich selber im Video sehe, dann bin ich das nicht. Dann ist das nur *Tic Tac Toe* und ›die‹. ›Die‹ ist aber nicht alles, ›zu der‹ gehört noch ein bißchen mehr als nur *Tic Tac Toe.*« Zum Erfolg gehört auch Geld. Doch trotz ihrer Erfolge wollen die drei Shooting Stars nicht von ihrer Kritik an der Geld-Gesellschaft und gewissen Mißständen abrücken.

Über ihren Song und den textlichen Hintergrund zu »Haste was, biste was« meint etwa *Lee:* »Der Text bezieht sich auf etwas sehr Schlimmes: Deutsche Männer, die hier nicht mit Elfjährigen rumbumsen dürfen, fahren nach Thailand und bezahlen 50 Mark für ein kleines Mädchen, die das machen muß, damit ihre Familie leben kann. Das ist doch echt hardcore-pervers.«[3] Und *Jazzy* ergänzt: »Und die Mädchen werden 20 000mal wieder zugenäht, damit sie wieder Jungfrauen sind, und sie bekommen Tripper und Aids und alles – scheiß Geld!«[4] Was sie in der Hip Hop-Szene kräftig stört, das sind die aggressiveren Kolleginnen und Kollegen, die sich – typisch deutsch! – völlig verbissen an hauptsächlich amerikanischen Rap- und Hip Hop-Vorbil-

dern orientieren. Namentlich nennen sie da das *Rödelheim Hartreim Projekt* oder *Schwester S.*, die laut *Tic Tac Toe* zuviel über andere ablästern. Hintergrund ist das »Dissen«, der »Disrespect«, was aus dem Englischen hier übernommen wurde. Sprachliche Codes, die Ausgrenzung meinen, Sozialdarwinismus in der Szene, Grenzziehungen und Musikstilpolizei. *Jazzy* regte sich sogar öffentlich darüber schwer auf, besonders, als die *Rödelheimer* sich auf ihrem Album über die Mutter von *Hausmarke* (*Fantastischen Vier*) lästernd und beleidigend hermachten.

Jazzy erklärte daraufhin öffentlich, daß, wenn die *Rödelheimer* sich in ihren Texten Derartiges über ihre Mutter leisten würden, sie den Jungs bei nächster Gelegenheit dafür in die Eier treten würde. Über Liebe und Frieden wird in der Szene ja viel gesprochen, manchmal herrscht dort aber doch eher kalter bis heißer Krieg. Schade, denn selbst *Tic Tac Toe* haben sonst gar nichts gegen die *Rödelheimer* und finden deren Songs ausdrücklich geradezu phantastisch produziert. *Lee* warnt und entwarnt denn auch ganz deutlich und wendet sich an alle Hitzköpfe in der Szene: »Es gibt in Deutschland keine Gangsta-Szene, Jungs! Deshalb braucht ihr auch nicht einen solchen Wind zu machen. Hier herrschen keine Amiland-Verhältnisse. Deshalb müssen wir auch nicht versuchen, die amerikanische Art von Hip Hop hier zu machen. Die Ami-Rapper wie *Dr. Dre* oder *Eazy E.*, als er noch gelebt hat, die haben sich auch gegenseitig gedisst. Aber es war alles Spaß. In Wirklichkeit haben sie die Sachen auch noch gemeinsam produziert und dabei voll abgelacht. Aber hier in Deutschland ist das richtig ekelhaftes Hardcore-Dissen. Das macht keinen Spaß. Also Peace, Brüder und Schwestern!«[5]

Neben solchen ernsten Themen haben *Tic Tac Toe* als Stars aber enorm viel Spaß. Die Arbeiten für ihr neues Album und die dazugehörigen Vorbereitungen haben schon im

Sommer '96 begonnen und wurden dann Schritt um Schritt intensiviert. Daneben machten sie sich bei den Fans weiterhin überall mit kurzen *Tic Tac Toe*-Einlagen beliebt. Bei der tollen Megaparty des gleichnamigen Magazins »Popcorn Pop-Explosion '96« rappten sie nicht nur neben anderen Acts wie *Blümchen, No Mercy, Caught In The Act* und den *Backstreet Boys,* sie trugen nicht nur Texte vor wie »Leck mich am A, B, Zeh« und »Verpiß dich«, sondern schauten auch nach und während der Show im Zelt des Deutschen Roten Kreuzes (DRK) mal bei den Fans vorbei, die vor lauter Aufregung und Anspannung vor der Bühne umgekippt waren. Auch so schafft man sich Freunde.

Viel Zeit für Fans

Für Fans haben sie immer viel Zeit, worüber diese dann auch zu berichten wissen. So schrieb Michaela aus Hamburg an das Pop-Magazin *Fantastic* mit einem beigelegten Foto, worauf sie mit der Band zu sehen war: »Hallo *Fantastic*! Auf dem tollen Foto bin ich mit *Tic Tac Toe* zu sehen, die ich echt spitze finde. Als ich erfuhr, daß *Tic Tac Toe* bei der Echo-Verleihung sind, beschloß ich, zusammen mit meiner Freundin dorthin zu fahren. Wir standen vor dem Hotel, um zu telefonieren, als uns plötzlich *Lee* über den Weg lief. Sie mußte aber schnell weg, weil *Ricky* gleich Geburtstag hatte. Nach dem Anstoßen kam sie zusammen mit *Ricky* zurück, und wir gratulierten *Ricky*. Sie hat sich total gefreut. Am nächsten Morgen trafen wir die Mädels auf dem Hamburger Flughafen wieder, und dort entstand dieses tolle Bild.«[6]

Auch Kathi Sellin aus Berlin wußte da Ähnliches zu berichten, machte ebenfalls gute Erfahrungen mit diesen unkomplizierten Stars. Sie schrieb an die *Bravo:* »Meine Freundin

Lili und ich begleiteten *Tic Tac Toe* einen Tag lang in Berlin. Mittags saßen wir zusammen in einem Restaurant, wo die Mädchen schnell eine Pizza verdrückten. Dann ging es weiter zu einer Foto-Session vor dem Lokal, wo *Lee, Ricky* und *Jazzy T.* total witzig in einem Cabriolet posierten. Anschließend wurden die Mädchen vom Fernsehen auf der Straße interviewt. Als *Tic Tac Toe* uns dann noch zwei Tickets für ihr Konzert am Abend schenkten, war der Tag perfekt. Die Girls waren echt supernett und überhaupt nicht eingebildet.«[7]
Derartige Fanpost ist keine Seltenheit, *Tic Tac Toe* haben treue und zufriedene Fans im ganzen Land. Denen werden sie dank der Teenie-Presse auch schon mal bei ihrem Urlaub auf Mallorca gezeigt, wo sich die männlichen Fans über die Fotos der prominenten Badenixen in scharfen Lack-Bodies oder sonstig aufreizenden Badeanzügen freuen.

Dabei spielen sie dann übrigens »Boywatch« und kommentieren die Vor- und Nachteile der vorbeiziehenden Männerwelt. Am Sandstrand von Cala Guya nahmen sie im Spätsommer '96 eine siebentägige Auszeit. Nach einem Jahr harter Arbeit und stressigem Start in ein ungewöhnliches Berufsleben war dies überfällig gewesen.

Auch hier, im sonnig-warmen Süden bei 26 Grad, können sie aber trotz Sonne, Sand und Strand nicht völlig abschalten. Sie stehen relativ früh auf, und machen kaum Nächte durch – wenn Leute aus dem Showbiz Urlaub nehmen, dann brauchen sie von diesem »Party-Beruf« meistens richtige Erholung. Denn in der Branche gibt es viel Nightlife, Reisen, Meetings, Feierlichkeiten, Präsentationen, Promotion-Termine – vor allem keine festen, aber dafür oft lange und nicht gerade selten späte Arbeitszeiten.

Was man auf Mallorca nun spürt. *Tic Tac Toe* spannen ganz einfach aus, außerdem hat ihnen Produzent T. Börger auch diverse gute Ratschläge mitgegeben, sie vorm Rauchen, Trinken und dem Ballermann 6, der höllischen Absturzspe-

lunke für deutsche Urlauber, eindringlich gewarnt. Kein Wunder, denn schon vierzehn Tage später starten die Proben mit ihrer ersten richtigen Live-Band, da ist wieder Fitneß angesagt. Eine starke Live-Band wollen alle drei endlich mal im Rücken spüren und keine weiteren Tape-Klänge vom Mischpult. Die Zeit bis zu den Auftritten können die Fans sich noch mit Tanzübungen vertreiben. Denn öffentliche Tanzkurse mit der Gruppe gibt es etwa in der *Bravo,* wo die Gruppe ihre Freestyle-Tanzschritte ausgiebig präsentiert (in der Ausgabe vom 25. Juli 1996).
Ansonsten gibt es *Tic Tac Toe* auch bei Eröffnungen großer Läden, kommerziellen Promo-Events, zu sehen, wie etwa beim »Warner Bros. Movie World«-Park in Bottrop-Kirchhellen, wo die drei für die Fotografen mit solchen legendären Comic-Figuren wie *Tweetie* herumschmusen, Looping-Achterbahn fahren oder den echten originalen Polizeiwagen aus der »Police Academy« stürmen und in Beschlag nehmen. *Tic Tac Toe* überall.

»Culture Clash« beim Streitgespräch

Aufsehen erregt das schlau eingefädelte Gespräch beim Hamburger Nachrichtenmagazin *Der Spiegel,* wo *Jazzy, Ricky* und *Lee* zum Streitgespräch mit dem Benimmbuch-Autor C. Bernd Sucher eingeladen werden. Unter dem Stichwort »Manieren« und angesichts der frischen Buchveröffentlichung von Sucher namens »Hummer, Handkuß, Höflichkeit – Das Handbuch des guten Benehmens« wird der Ring freigegeben, darf fröhlich auf Spiegel-Niveau gedisst werden.
Da es laut Sucher einem Affront gleichkommt, wenn er einer Dame das »Du« verweigert, muß er sich zu Beginn gleich mit den Hip Hop-Frauen duzen. Und sie greifen an.
Jazzy: »Deine Regeln sind nur für Leute aus der sogenannten

besseren Gesellschaft. Dazu gehören wir sowieso nicht. Weißt du, wie viele Arbeitslose es in Deutschland gibt? Wer von denen kann sich fünf verschiedene Gläsersets für Champagner, Rotwein, Weißwein, Wasser und Likör leisten?«
Sucher: »Ich selbst bin ja auch nicht mit goldenen Löffeln groß geworden. Das erste Mal im Restaurant war ich mit sechs. Es handelte sich um ein Selbstbedienungsrestaurant, und meine Eltern wollten, daß ich mein Essen an der Theke selbst bestelle. Dadurch lernt man etwas.«[8]

Dadurch lernt man sich zu amüsieren. Natürlich griff auch der Pressedienst der Plattenfirma diese streitbaren Dialoge, diesen »Culture Clash« begierig auf und zitierte aus dem *Spiegel*-Gespräch auszugsweise. Es enthielt ja auch wahre Perlen und ging letztlich nach Punkten eindeutig zugunsten der Pop-Mädchen aus dem Ruhrpott und deren frechen freien Schnauzen aus.

Ricky: »Ich glaube, du bist nicht sensibel, sondern prüde. Warum sollte beispielsweise der Quickie verboten sein? Es muß doch jedem selbst überlassen sein, ob, wann und wie lange er Sex hat.«
Sucher: »Ich weiß gar nicht, was du gegen diese Passage hast: ›Kopulation zwischen Tür und Angel. Rasch. Heftig. Spannend. Und nicht eben fein.‹ Das stimmt doch.«
Jazzy: »Warum soll das nicht fein sein? Das ist doch ganz subjektiv.«
Sucher: »Das ist mein Buch, und deshalb ist es subjektiv. Ich habe nichts gegen Quickies, aber es gibt schönere Arten, sich zu vereinigen. Wenn ihr jetzt mit dem Kellner zur Toilette geht...«
Jazzy: »Na und? Was geht dich das an?«
Sucher: »Das geht mich nichts an, ich finde es aber trotzdem daneben.«[9]

Daneben oder nicht, doch ein wenig aneinander vorbeigeredet wurde hier auch. Fairerweise muß man nämlich sagen, daß der Autor durchaus gar nicht zu den ganz verknöcherten Benimmreglern alter Schule gehört und eigentlich mehr auf der Suche nach zivilisatorischem Verhalten ist, nach Umgang miteinander, der human ist – und da wären sich *Tic Tac Toe* mit ihm sicherlich an vielen Punkten eher einig geworden, wenn das Ganze nicht gleich in die Arena eines für die Öffentlichkeit inszenierten Streitgespräches geraten wäre. Denn der Quickie, auch im Dunstkreis des One-night-Stand angesiedelt, ist eigentlich gar nicht das, was die drei jungen Mädchen suchen und wofür sie vordringlich streiten. Ehrlichkeit ist ihnen wichtig, aber wie sieht es eigentlich wirklich mit ihren Herzen aus, wo ist die Liebe, wer sind die glücklichen Jungs?

Wo ist die Liebe, wer sind die glücklichen Jungs?

In »... frei nach Schnauze« bekannte *Lee* freimütig: »Da wir eine Hetero-Band sind, singen wir eben so. Ohne Mann geht's irgendwie nicht, ohne 'ne Beziehung, ohne 'ne Partnerschaft, da geht man irgendwie kaputt. Man braucht einen Ruhepol, Liebe, Frieden – sein Gegenteil.« *Ricky* will zwar so lange wie möglich mit den beiden anderen Musik machen, aber eines Tages könnte es auch so kommen: »Vielleicht irgendwann mal 'ne Familie, vielleicht auch ein Kind adoptieren, Menschen in Not helfen.« Auch *Jazzy* denkt manchmal daran, Flüchtlingskinder zu adoptieren, sogar als Sozialarbeiterin könnte sie sich selbst in Gedanken vorstellen, als Streetworkerin, die Straßenkinder betreut. Und: »Vielleicht kann man dann auch selber Kinder machen.« Doch da kommen bei allen dreien die Einschränkungen, wie etwa bei *Lee:* »Wenn ich irgendwann mal

den Menschen, den ich treffen möchte ...«. Das ist wirklich kurios.
Da rennt den süßen Mädels jeder Junge nach, den richtigen haben sie aber noch nicht gefunden, alle drei sind solo. *Jazzy* im genannten Video: »Wenn er da ist, ist er da – wenn es vorbei, ist es vorbei.« Dennoch fügt sie an: »Liebe ist das einzige, woran ich glaube, Liebe spielt im Leben die größte Rolle überhaupt.« *Ricky* ergänzt voller Überzeugung: »Ich sehe da 'ne Dose und 'nen Deckel, die fest zusammenpassen, irgendwo wird er sein ...«. Er, der Traumboy, der wundervolle Deckel. Doch wer pro Jahr nur circa 90 Nächte zu Hause ist, den Rest in irgendwelchen Hotels verbringt, der kann auch nur schwer eine liebevolle und leidenschaftliche Beziehung zu einem anderen Menschen aufbauen. Alles hat eben seinen Preis, der Preis für eine Show-Karriere ist eben nicht gerade niedrig. Und die Erwartungen der drei Popstars sind natürlich auch nicht gerade gering.
Lee will keine Lusche und keinen Obermacho, sondern einen zum Anlehnen, der sich bei ihr auch anlehnt, einen echten Partner eben, der tough, cool und entspannt ist. *Jazzy* haßt Pantoffelhelden und Unterdrücker, da Liebe für sie Freiheit bedeutet, sollte er irgendwo dazwischen liegen, die optimale Mischung eben. *Lee* hat außerdem immer noch leichten Trennungsschmerz hinter sich zu bringen. Denn vor über einem Jahr trennte sie sich von ihrem Freund, weil sie beide nicht zusammenpaßten. Das schmerzt sie noch immer, so leicht ist das für sie nicht zu vergessen. Lustig ist es da, daß sich vor einer Weile zwei Boys wegen ihr prügelten – das Problem war nämlich, daß sie sich aus beiden überhaupt nichts machte.
Keanu Reeves ist *Lees* Schwarm, aber der ist weit weg, das ist kein realer Mann in ihrem Leben. Deshalb glaubt sie, daß sie den richtigen erst dann erkennt, wenn er plötzlich vor ihr steht. Faktor Zufall! Doch in der Heimat rund um Dort-

mund und in der Stadt selbst trauen sich die drei kaum noch auf die Straße, gleich kommen da die Kerle hinterhergelaufen. Einerseits eine mörderisch große Auswahl an Männern, andererseits gar keine Ruhe und entspannte Atmosphäre, um den »Richtigen« auszuwählen. Eine schlimme Zwickmühle. Sie haben oft soviel um die Ohren, daß die Liebe und die Burschen total zu kurz kommen. Dann lieber gar nicht, keine halben Sachen. *Lee*: »Es wäre unfair dem Typen gegenüber, denn wir haben im Augenblick so gut wie keine Zeit, um uns auf eine Beziehung einzulassen.«[10] Auch *Jazzy* sieht sich dabei keinem besonderen Druck ausgesetzt, Beziehungen bleiben nun mal in diesem Busineß leicht auf der Strecke: »Wir sind alle solo, aber das ist mit 18 Jahren nicht so tragisch. Außerdem müssen wir erst mal jemanden finden, der unseren Lebenswandel mitmacht und dabei noch natürlich bleibt.«[11] Das klingt allerdings nicht gerade optimistisch. Und auch die Prominentenehen sind eher selten überlebensfähig, wie viele Scheidungsprozeße mußten wir in den letzten Jahren schon öffentlich ertragen. Nun deshalb hier ein weiterer Versuch, die Mädels unter die Haube zu bringen. Jungs, aufgepaßt, *das* suchen die drei von *Tic Tac Toe* wirklich!

Die Kontaktanzeige des Jahres: Tic Tac Toe suchen ...

Lee will einen, der soft und hart zugleich ist, mal Vaterfigur, dann Bruderherz, einer für alle Stimmungen, alle Momente, einer, der sich auf ihre Gefühle einzustellen vermag. *Rikkys* Traumtyp soll erst mal größer sein als sie, dann muß er Phantasie haben, romantisch sein, Charakterstärke wäre ihr noch wichtig. Und – last but not least – *Jazzy* wünscht sich einen mit Herz, romantisch soll es schon beim Kennenlernen sein, am liebsten beim Konzert, wo er bei einer

Ballade von *Tic Tac Toe* Tränen der Rührung vergießt, dann will sie sich ihren »Burschi« aus dem Publikum holen. Da nun das Zeitalter der *Tic Tac Toe*-Live-Konzerte begonnen hat, bestehen für den letztgenannten Wunsch durchaus Chancen. Und *Jazzy* trägt es bis zur Traumbegegnung mit Humor: »Neulich habe ich mich auf einer Party in einen Kleiderschrank verkrochen, weil mir die Musik zu laut war. Ich schlief ein und träumte, ich bin Dornröschen und werde wachgeküßt. Den Traum deute ich als gutes Omen, daß bald mein Märchenprinz kommt...«[12] Und was wäre eigentlich, wenn sie ihren Traum des Lebens nicht mehr träumen könnten, wenn sie plötzlich aufwachten und feststellen müßten, daß sie gar nicht die umjubelten Stars von *Tic Tac Toe* wären? Wenn andere dort oben stünden und sie nur Friseurinnen, Verkäuferinnen oder Fahrschullehrerinnen wären? *Lee:* »Ich fände uns total cool. Schau sie dir an, die Mädels, würde ich denken, singen einfach ›Scheiße‹ auf der Bühne...«[13]

8. Steckbriefe

Ricky

»Coole Jungs finde ich doof! Ich steh' mehr auf romantische und sensible Typen!«

Bürgerlicher Name: Ricarda Nonyem Priscilla »Ricky« Wältken
Geburtstag: 24. Februar 1978
Geburtsort: Dortmund
Größe: 1,70 Meter
Gewicht: 55 Kilo
Haarfarbe: wechselnd (u. a. hellbraun)
Augenfarbe: blau
Sternzeichen: Fische
Lieblingsmusik: Schwarze Musik, am liebsten hört sie Soul und Funk
Hobbies: Singen, Tanzen, Shoppen, Kino. Sie hat einen weißen Terrier namens *Pirilli Teasy Tiffany,* benannt nach einer ehemaligen indianischen Freundin von Ricky
Geheime Leidenschaften: Chips futtern, sie ist sehr romantisch, mag gern stundenlang in der warmen Sonne liegen und vor sich hinträumen
Hoffnungen und Ideale: Krieg, Hunger und Umweltverschmutzung sind ihr alles andere als gleichgültig. Sie hofft auf ein Umdenken der Gesellschaft und rät allen Fans, daß diese sich daher nicht verblöden lassen sollten. Sie mag auch keine antiquierten Benimmregeln; Offenheit und Ehrlichkeit sind ihr wichtig
Lebensmittelpunkt: Ricky lebt heute in Dortmund gemein-

sam mit ihrer Mutter und der Schwester Hannelore. Ihr Bruder Anthony lebt heute in Bochum, fünf weitere Geschwister leben weit entfernt auf dem afrikanischen Kontinent in Nigeria

Jazzy T.

»Ich bin immer gut drauf und absolut chaotisch!«

Bürgerlicher Name: Marlene Victoria »Jazzy« Tackenberg
Geburtstag: 4. August 1977
Geburtsort: Gelsenkirchen
Sternzeichen: Löwe
Größe: 1,62 Meter
Gewicht: 52 Kilo
Augenfarbe: braun
Haarfarbe: wechselnd (u. a. schwarz und rotbraun)
Lieblingsmusik: Dancefloor-Fan, hört gerne die neuesten Klänge wie Trip Hop, Jungle oder Drum & Bass, aber auch gute House-Scheiben. Ein besonderer persönlicher Hit-Favorit: »The Score« von den Fugees
Hobbies: Singen, Tanzen, Lesen, Reiten, Faulenzen, gute Freunde treffen
Geheime Leidenschaften: Nachts immer Schokolade essen, beim Anschauen von Liebesfilmen möglichst selber kuscheln und knutschen
Lieblingsblume: schwarze Rosen
Lebensmotto: Lachen und andere zum Lachen bringen
Essen und Trinken: Spaghetti und Coke
Urlaub: Am liebsten wie Gott in Frankreich
Hoffnungen und Ideale: Befürchtet, nachdem sie den Film »Independence Day« gesehen hat, die Landung bösartiger Aliens und hofft daher auf ausschließlich nette Besucher aus dem All (wie etwa E.T.). Sie schätzt bei anderen Eigenschaften wie Gutmütigkeit und Toleranz, und ihre eigene Mama ist ihr immer noch das beste Vorbild
Lebensmittelpunkt: Ist inzwischen aus dem Elternhaus ausgezogen und hat sich in Witten mit ihrem Handy (wichtigstes Utensil) in einem Bauernhof einquartiert.

Lee

»Ich war von klein auf musikgeil, wackelte schon mit meinem Pampers-Arsch zu Soul und Reggae!«

Bürgerlicher Name: Liane »Lee« Wiegelmann
Geburtstag: 29. Juli 1977
Geburtsort: Gelsenkirchen
Sternzeichen: Löwe
Größe: 1,71 Meter
Gewicht: 53 Kilo
Augenfarbe: grün-grau-braun
Haarfarbe: wechselnd (u. a. strahlend-blond und schwarz)
Lieblingsmusik: Sie hört gerne harte Gitarren wie etwa bei Metallica, Nirvana, Faith No More oder No Doubt. Weitere Favoriten: Toni Braxton und Xzibit. Aufgewachsen ist sie dank ihrer Mutter mit reichlich viel Soul-Platten, die oft liefen, weshalb auch Diana Ross zu ihren ewigen Idolen hinzuzurechnen ist
Hobbies: Turnschuhe sammeln, sie trägt am liebsten welche der Marke »DC Syntax«, Sport, Singen, Tanzen, Lesen, Schlafen. Beim Sport gehört ihre besondere Leidenschaft dem asiatischen Kampfsport Taekwondo, den sie als Trägerin eines Grünen Gürtels recht gut beherrscht. Sie kann beispielsweise u. a. drei Zentimeter dicke Fichtenbretter mit der Handkante zertrümmern
Lieblingsfarbe: Schwarz und »blau-blau-blau«
Geheime Leidenschaften: Der Film »Basic Instinct« hat sie außerordentlich fasziniert, Sharon Stone ist auch ihre Lieblingsschauspielerin, ansonsten gehört noch »Superman« zu ihren Leinwandidolen. Sie ist also eine Frau, die sich von starken Persönlichkeiten angezogen fühlt
Hoffnungen und Ideale: Die erklärte Gegnerin von Tierversuchen haßt Lügen, Mobbing und Intrigen. Sie hofft, daß die

Leute kapieren, daß Zusammenhalt wichtiger als Egoismus ist und wir alle nun endlich in der Zukunft wirklich zusammenhalten. Ihr Motto könnte »Leben und leben lassen« heißen, denn sie rät ihren Fans, daß diese sich nicht einfach für irgend jemanden verändern und verbiegen lassen sollten

Lebensmittelpunkt: Lee lebt heute mit ihrer Mutter, einer 42jährigen Krankenschwester, in einer Vier-Zimmer-Wohnung in Dortmund

9. Diskographie & Daten

• Was bedeutet *»Tic Tac Toe«*?

Der Name bezieht sich auf das amerikanische Käsekästchenspiel, wo mit Kreisen und Kreuzen gekämpft wird, also »X« gegen »O« gleich *Tic Tac Toe.* Wer drei Zeichen in einer Reihe hat, der gewinnt – Symbol für das erfolgreiche Pop-Trio.

• Fakten (allgemein)

Entdeckt wurden *Jazzy, Lee* und *Ricky* im April 1995 auf einem Freestyle-Hip Hop-Jam im Kolpingheim in Dortmund. Spontan trafen sie sich auf der Bühne, improvisierten auf Anhieb so gekonnt, daß das Publikum raste und tobte und die Managerin Claudia A. Wohlfromm die Girls gleich unter Vertrag nahm. Sie betreut sie noch heute, ist deren Beraterin, Managerin, Übermutter. Wohlfromm in dem Clip »... frei nach Schnauze«: »Fragen Sie die doch selbst, was ich bin?« Hinzu kam Musicfreak »T. Börger« als Texter, Komponist und Produzent der Band, bis heute ebenfalls im Team ständig dabei. Gleich mit der Debüt-Single »Ich find' dich scheiße« gelang den drei Girls aus dem Ruhrgebiet der gewaltige Durchbruch, über 400 000 Singles wurden auf Anhieb verkauft. Weitere Hit-Singles setzten sich in den Charts durch, wie beispielsweise der Song »Funky«. Die Single »Verpiß dich« gelangte in den *Media Control Top 100* im Dezember 1996 mit einem selten kraftvollen Sprung von Null auf Platz 24 und landete schließlich auch auf Platz eins der Single-Charts. Die Bilanz dieser Ruhrpott-Newcomer kann sich also sehen lassen: »Ich find' dich scheiße« erreich-

te bis heute Platin-Status, das Album »*Tic Tac Toe*« wurde mit Gold geehrt, die Single »Verpiß dich« landete wie bereits erwähnt auf Platz 1 der Single-Charts. Im April 1996 wurde das zweite Album veröffentlicht.
Stilrichtung allgemein: Deutscher Hip Hop mit Gänsehaut-Garantie – auch wenn die Band den Begriff Hip Hop als Kategorie für sich nicht so gerne hört. Die Erfolge kamen auch durch den Einsatz deutscher Rap-Texte ohne jegliche Verkrampfungen. Oder wie die Plattenfirma RCA den Hörern, Käufern und ihren Händlern von bzw. mit *Tic Tac Toe*-Tonträgern stets voller Euphorie ganz ehrfurchtsvoll verspricht: »Eine rundum tolle Produktion mit viel Salz und Pfeffer und ehrlichen Texten aus der Zielgruppe – für die Zielgruppe.«

• Auszeichnungen

Neben den oben erwähnten Gold- und Platinverleihungen erhielten *Tic Tac Toe* auch einen »Comet« bei der gleichnamigen Preisverleihung des Kölner Musiksenders *VIVA* im Rahmen der Pop.Komm 1996 als beste »Newcomer des Jahres«. Eine weitere Verleihung gab es 1997 in Gestalt des »Echo«, dem Deutschen Schallplattenpreis, verliehen von der Deutschen Phono-Akademie und dem Bundesverband der Phonographischen Wirtschaft. Weiter gab es im Frühjahr 1997 noch das »*R.SH*-Gold« des gleichnamigen norddeutschen Musiksenders.

• Tourneen

Erste Tests mit Playback in Discos 1996. Danach schließlich die langersehnte große Deutschland- und Schweiz-Tournee mit richtiger eigener Band im Frühjahr 1997. Eine Reise durch 16 Städte.

• Diskographie/Tracklisting

CD/MC:

TIC TAC TOE – »Tic Tac Toe«, CD/MC bei BMG/RCA (Veröffentlicht am 15. April 1996)

1.	UGU UGU INTRO	0:52
2.	HASTE WAS BISTE WAS	4:15
3.	ICH FIND' DICH SCHEISSE	3.34
4.	VERPISS DICH	4:06
5.	FUNKY	3:47
6.	'N MANN	3:54
7.	LECK MICH AM A, B, ZEH	3:34
8.	U-BAHN	4.31
9.	DU HAST DEN SCHÖNSTEN	3:55
10.	RUHRPOTTNIGGAZ	3:59
11.	FUNKY (Funk-Mix)	5:42
12.	UGU UGU (WER HAT ANGST?)	4:17

Sprecher Ugu Ugu Intro: Carsten Koch
Saxophon U-Bahn: Gerrit Rentz

Singles:

»Ich find' dich scheiße« – November 1995
»Funky« – März 1996
»Leck mich am A, B, Zeh« – August 1996
»Verpiß dich« – Dezember 1996
»Warum?« – März 1997

Videos:

»...frei nach Schnauze« (Veröffentlicht am 9. Dezember 1996)

Erstes Longform-Kaufvideo mit vielen Informationen und Hintergründen zu diesem deutschen Top-Act. Zu sehen sind sechs Clips ihrer Chartbreaker, Interviews mit der Gruppe und Videofootage aus dem Privatarchiv von *Ricky*,

Jazzy und *Lee*. Die Gruppe bringt Statements zu Themen wie Starrummel, Videos, Liebe, Safer Sex, die Zukunft und Gott und die Welt. Alles, ohne ein Blatt vor den Mund zu nehmen. Insbesondere beeindrucken die Berichte zu den Dreharbeiten mit den Erfolgsleuten Hannes Rossacher und Rudolf Dolezal (DoRo). Zu sehen sind daher Top-Videos in ihrem Entstehungsprozeß und als fertige Filme – absolut sehenswert. Höhepunkt: Die Arbeiten zu »Melanie«, dem Film über Lees drogensüchtige Freundin, die an einer großen Liebe scheitert und sich das Leben nimmt. Melancholie und Lebenslust auf einer Top-Kassette. (Spielzeit: ca. 62 Minuten)

Titel:
»Ich find' dich scheiße«
»Funky«
»Leck mich am A, B, Zeh«
»Verpiß dich«
»Warum?«
»Warum? – für Melanie«

(Eine Produktion von DoRo, BMG Video/Universum Film GmbH, Musik: BMG Ariola Hamburg GmbH.
Bestellnummer: 74321 31375 2/4
Bestelladresse: Universum Film GmbH, Kastenbauerstraße 2, 81677 München, Tel. 089/4136–690, Fax 089/4136–871)

• Fan-Adressen

Autogrammadresse:
Tic Tac Toe, c/o RCA, Osterstraße 116, 20095 Hamburg

Quellenhinweise

- Vorwort: »Wer hat angst vor schwarzen fraun?«

1 »Girlbands: Sexappeal & Stinkefinger«, Hamburger Abendblatt/Wochenend Journal vom 7./8. Dezember 1996
2 Hamburger Abendblatt, ebenda
3 »Zigazig-Ha«, Der Spiegel Nr. 49/1996
4 »Show Schlagzeilen« – Bravo Nr. 39/19. September 1996
5 »Was ist bloß dran an den süßen Jungs? – Die Popexperten Kimsy, Aleks und Inga diskutieren über Boy Groups«, Die Zeit/Zeit Magazin Nr. 2 vom 3. Januar 1997

- Das Leben ist eine Bühne

1 Hamburger Abendblatt, ebenda
2 Zeit Magazin ebenda
3 tracks – 12/96, Pressedienst der BMG Ariola Hamburg
4 »Feuerprobe für Tic Tac Toe«, Bravo 32/96
5 Bravo ebenda
6 Bravo ebenda

- Wie alles begann

1 Bravo Nr. 40, 26. 9. 1996
2 bis 6 »Tic Tac Toe – einfach süß«, Bravo 45/96
7 »Tic Tac Toe öffnen ihr Herz«, Bravo 8. Februar 1996
8 Bravo ebenda
9 »Tic Tac Toe: Sie sind Deutschlands frechste Mädchenband – Aus Sch... machen sie Gold«, Bild am Sonntag 31. Dezember 1995

• Wunder gibt es immer wieder

1 »Tic Tac Toe – Wir suchen drei Typen mit Herz«, Bravo 25. Januar 1996
2 Bravo ebenda
3 Bravo ebenda
4 »Stars der Woche: Tic Tac Toe«, Bravo 18. Januar 1996
5 »Tic Tac Toe – alle summen ihr freches Lied«, BILD Zeitung 13. März 1996
6 »Aus der Gesellschaft – Tic Tac Toe«, Die Welt 30. Januar 1996
7 Die Welt ebenda
8 Press News, Pressedienst der RCA/BMG, 12/96
9 »Tic Tac Toe – Wir suchen drei Typen mit Herz«, Bravo 25. Januar 1996
10 Bravo ebenda

• Sch... im Radio

1 »Die Prinzen – Die deutsche Supergruppe« von Jürgen Stark, ECON Verlag, Düsseldorf, 1996
2 »Backstage – Stars der Woche«, Bravo 2/96
3 »Dani zu Besuch bei Tic Tac Toe«, jetzt – Jugendbeilage der Süddeutschen Zeitung 24. Januar 1997
4 »Starke Sprüche«, Bravo 17. April 1996
5 »Pop«, Bild am Sonntag 24. November 1996
6 »Warum die Pop-Sender plötzlich auch Sch... spielen«, Bild am Sonntag 24. November 1996
7 Bild am Sonntag ebenda
8 Bravo 1. Februar 1996
9 »Tic Tac Toe – Jetzt singen sie übers Vögeln«, Popcorn 5/96

- Deutschlands frechste Rap-Gören

1 Spiegel-Gespräch: »Drei Löffel Kunst – Die Wiener Video-Produzenten Rudolf Dolezal und Hannes Rossacher über Rock 'n' Roll, Ästhetik und Werbung«, Der Spiegel 36/1996
2 Der Spiegel ebenda
3 »Tic Tac Toe machen die Boys scharf«, Bravo 7. März 1996
4 »Tic Tac Toe – der megageile Mix der drei frechen Gören«, Abendzeitung (AZ) München 2. Mai 1996
5 »Tic Tac Toe – Kess & sexy wie nie«, Bravo Nr. 39, 19. September 1996
6 Bravo ebenda
7 Press News, Pressedienst der RCA/BMG, 12/96
8 »Harte Rhythmen, freche Reime – drei 18jährige Mädels nehmen in ihren Songs kein Blatt vor den Mund«, Bergedorfer Zeitung 13. April 1996
9 Bergedorfer Zeitung ebenda
10 Bergedorfer Zeitung ebenda
11 »Deutschlands frechste Rap-Gören«, Popcorn 5/96
12 »Dani zu Besuch bei Tic Tac Toe«, jetzt – Jugendbeilage der Süddeutschen Zeitung, 24. Januar 1997
13 »Interview intim – Tic Tac Toe – Verpiß dich«, Bravo Nr. 49, 28. November 1996
14 »Tic Tac Toe rappen Klartext«, Bravo Nr. 19/96
15 Bravo ebenda
16 »Jazzy«, Fantastic Nr. 17/96
17 Fantastic ebenda
18 Fantastic ebenda

- Melanie, das Leben, der Bauernhof

1 »Popcorn Interview Lee«, Popcorn Nr. 2/97
2 »Tic Tac Toe weinen um Melanie«, Bravo Nr. 4, 16. Januar 1997

3 Bravo ebenda
4 Bravo ebenda
5 »Tic Tac Toe – Hip Hop-Alarm auf dem Bauernhof«, Popcorn Nr. 3/96
6 Popcorn ebenda
7 Popcorn ebenda

- Selbstbewußt in die Zukunft

1 »Popcorn Interview Lee«, Popcorn Nr. 2/97
2 »Die Kritik: Tic Tac Toe (WDR) – Einfühlsam«, Frankfurter Rundschau 12. Dezember 1996
3 »Tic Tac Toe rappen Klartext«, Bravo Nr. 19/96
4 Bravo ebenda
5 Bravo ebenda
6 »Pinnwand«, Fantastic Nr. 17/96
7 »Aktion Bravo-Reporter – Was Leser berichten«, Bravo Nr. 20/96
8 »Gesellschaft – Manieren – Die Kunst des Austernessens – Benimmbuch-Autor C. Bernd Sucher und das Pop-Trio ›Tic Tac Toe‹ über Küsse, Anstand und schlechte Laune«, Der Spiegel Nr. 48/1996
9 Der Spiegel ebenda
10 »Deutschlands frechste Rap-Gören«, Popcorn Nr. 5/96
11 »Harte Rhythmen, freche Reime – drei 18jährige Mädels nehmen in ihren Songs kein Blatt vor den Mund«, Bergedorfer Zeitung, 13. April 1996
12 »Interview intim – Tic Tac Toe Verpiß dich«, Bravo Nr. 49 28. November 1996
13 »Dani zu Besuch bei Tic Tac Toe«, jetzt – Jugendmagazin der Süddeutschen Zeitung, 24. Januar 1997